千寻

总 策 划　孙莉莉
选题策划　姚湘竹
项目编辑　云海燕
译文审订　王钰涵
责任印制　盛　杰
装帧设计　萝　卜
版式设计　邓国宇
内文排版　刘　杨

直升机男孩

教室里说故事的魅力

[美] 薇薇安·嘉辛·佩利 / 著
杨茂秀 陈鸿铭 林意雪 / 译

The Boy Who Would Be a Helicopter: the Uses of Storytelling in the Classroom

云南出版集团 晨光出版社

Preface
总序

我们大家的佩利

林文宝

台东大学荣誉教授，台东大学儿童文学研究所创所所长

薇薇安·嘉辛·佩利（Vivian Gussin Paley）是目前美国学前界的大师级人物。她于1987年获埃里克森机构颁发的儿童服务奖，1989年获麦克阿瑟奖，1998年获前哥伦布基金会（Before Columbus Foundation）颁发的美国图书终身成就奖，1999年作品《手拿褐色蜡笔的女孩》（*The Girl with the Brown Crayon*）获全国英语教师委员会（National Council of Teachers of English）授予的大卫·罗素（David H. Russell）英语杰出教学奖，2000年获约翰·杜威协会颁发的社会杰出成就奖。

佩利最早在新奥尔良的幼儿园教学，后来返回芝加哥，任教于芝加哥大学附属幼儿园，1997年退休。在佩利共计37年的教学生涯中，有24年是在芝加哥大学附属幼儿园服务。

退休后，佩利开始到欧洲、亚洲各地旅行，亲身与第一线学前教师对话，希望老师多给孩子说故事，还给孩子游戏的空间。她认为说故事是创意的来源；她也强调专注力与想象力的重要性。2002年12月，她为制定早期儿童学习计划的美国教育部工作人员进行了一场演讲。她认为过去有些立法者已经对游戏与戏剧失去信心，觉

得那是浪费时间，所以提倡孩子从小就要学习知识。但是，人类就像其他哺乳动物一样，幼儿期都有许多游戏，他们在游戏中学习，这是他们的本能。她告诉立法者，别因为大家都忽略，就以为游戏与戏剧是浪费孩子的时间，其实，孩子是在游戏当中学习到人生各阶段都需要的思考、语言及想象力的。

因此，佩利在新奥尔良教书期间，即开始思考如何在幼儿园中运用可行的游戏扮演的方式与孩子互动，促进孩子的智力发展。

她在整个教学生涯里，对幼儿进行了深入观察与深刻反思，为了收集数据，她运用录音的方式，将教室中师生的对话记录下来，以便事后听取及分析这些对话之间的关系。这种方式有助于她思考幼儿之间独特的沟通模式，而这段时间累积的许多的观察经验，也为佩利日后的写作奠定了基础。她的每一本书都包含了一个探讨的主题，而书写的方式，往往是从一个小故事或是小事件出发，进行对话、讨论与分享，而非量化的说明与论述。

总之，她在幼儿园中提倡“游戏本位教学法”，认为游戏才是孩子最重要的功课。

至于将佩利著作引进台湾者，首推光佑文化事业股份有限公司，该公司于 1984 年即有黄又青译《男孩与女孩：娃娃家的超级英雄》，但其间用心用力最深者，则不得不提到杨茂秀这个人。

在台湾，杨茂秀几乎与儿童哲学画上等号。他在 1975 年 7 月的《鹅湖月刊》上发表了一篇《儿童哲学》，也因此走上了儿童哲学的“不归路”，并于 1990 年成立财团法人毛毛虫儿童哲学基金会。哲学始于惊奇，而孩童正处于好奇心与惊异之心最活泼的时期，应该是哲学播种的最好时机。这个基金会创立的目的，在于推广对儿童哲学的研究、教学与出版，它与美国儿童哲学促进中心（IAPC）有充分的合作。基金会亦曾主办过世界性的儿童哲学会议，培训过上千位故事妈妈及儿童哲学教师，出版毛毛虫月刊及相关书籍，创办了毛毛虫学苑，培养图画作家、哲学教师，目前仍在发展中。

或许佩利的教育理念与基金会契合，于是杨茂秀致力于推广与翻译佩利的作品，并且在杨茂秀的推动下，佩利的作品也渐渐广为学前教育界所接受。而 2002 年底，杨茂秀更是邀请佩利来台湾作教学讲座与故事说演，且在佩利来台之前编印了《认识佩利》（2002 年 11 月）一书，销售盛况空前。

个人在大陆的许多讲座中，时常介绍佩利的作品。几年前，有孙莉莉造访台东书楼，见书楼中有佩利译著，除惊奇不已，更如获珍宝，慎重地选择几本带回北京，并将佩利的作品推荐给禹晨，而禹晨亦将佩利系列作品当作重点项目，几经周折亦已取得其中十本的授权。

而今主编问序于我，因缘与巧合我似乎不宜推辞。虽然，最合适写序的应该是杨茂秀，但十本译文中已有杨茂秀四本译文与多篇的序文，作为同学、朋友与同事的我，偶尔僭越来做二手推介，谁说不宜？我的推介词：

佩利，是我们大家的佩利！

想明白其中的道理，

就买她的书读读！

Preface
自序

跟随孩子，走进教室

薇薇安·嘉辛·佩利

要是有人问起我最好的教育案例，我可能会给他们讲贾森和猪妈妈这两个。猪妈妈是凯蒂说的一个故事里的人物，而贾森是一个每天都告诉我们说他的直升机坏了的小男孩。

“来听凯蒂的故事，”我喊贾森，“这位猪妈妈做的一些事，让我想到了你。”

他用嘴巴吹着他的螺旋桨，朝故事桌走过来，这是他修理直升机的众多方法之一。接着我开始读凯蒂刚刚讲给我的故事。

有三只小猪，猪妈妈也在那里。然后，狼把砖块做的房子吹垮了。然后猪妈妈把房子又盖起来。

“这使我想起你修理你的直升机的方法。”我说。

贾森和凯蒂相视而笑。这距离我的构想又近了一步：我一直想要将这个幼儿学校里发生的每一件事都联系起来。我习惯于在孩子们想象的东西之间，画上我们看不见的界限。我认为，我这个习惯是我作为一个老师所能做的事情中最好的一个。不过，那个占据了本书大部分篇幅的小男孩贾森，倒是自己为自己与直升机之间，作出了区分。

对我而言，他是个纯粹的局外人。超越人种，不属于任何一个区域，也不属于任何一个年龄段。是他自己界定的形象，分隔了他与我们；但如果学校要成为每一个人温馨而且安全的岛屿，那么我们就必须学习将贾森这样的一个人纳入我们的学校文化，贾森在学校里的经历是学校道德景观的一面镜子。

也许一些标签可以贴在贾森身上。可是，我们既不会去界定他，也不会将他归类。我们没有人可以借由所做的事情或一系列特质被大家所发现。只有在日常的活动中，在展现出来的我们的独特的故事脉络中，我们才可能为人们所知。我们会注意聆听贾森的直升机故事，并且，说出我们自己的故事，和他交换。在这个不断演变的课堂戏剧中，每一个人的展示都是同等重要的。因为，我们的目标不仅仅是幻想，而是公平。

贾森与他的直升机的故事提醒着我们，每一个小孩都是乘坐一辆由他自己推动的车子，进到教室里来，各自都有他们独特的步调，以及特别的目的。教室是孩子开始公平学习的地方，也是教学成为一种道德行为的地方。

Contents

目录

说故事的人与演故事的人

3

“你是谁，是莉莉吗？”我弯下腰，问那个压低帽子的人。她手拉一个草编的小钱包，小钱包盖住了我的脚。

“我和伊莱，我们两个人的娃娃不见了。”她说着，就走进放东西的房间，不见了。

后来，这个演故事的莉莉，变成了说故事的莉莉。这一角色的微小转变，却帮助我在多年之后，找到了自己的教师角色。

从前，妈妈和爸爸出去找他们的小女儿。小女儿在活板门[1]里。完了。

[1] 是一种水平方向的门，且占用一格空间。

若是一天没有说故事，对我来说，那一天就是不连贯的一天。孩子们至少还拥有他们的游戏，可是，如果没有他们的故事来维系着他们的幻想与行动，我会记不清楚，哪一些东西对孩子来说才是真实的。

孩子们的故事，我都会听三次：一次是他们说故事我记录的时候，一次是他们演出的时候，一次是我回到家听录音带将故事整理成文字的时候。之后，一有机会，我就和孩子们谈论他们的那些故事。有一天我想将教室中我们所做的、所说的，都串联起来，而这些故事就是我幻想作品的核心。

如果约瑟夫需要为《热河马》[1]（*Hot Hippo*）创造一个新的结局（一个愤怒的结局），而那一天正好没有说故事时间的话，会怎么样呢？如果是那样，那么，另外一天，当他生气的时候，我就不能对他说：“记得吗？当你是热河马的时候，你把所有的鱼都吃光了。”

在最初的非洲故事里，河马很热，他去找万物之神恩迦

[1] 麦克温耶 · 哈迪希（Mwenge Hadithi）著，艾德里安娜 · 肯纳韦（Adrienne Kennaway）绘的讲述非洲动物故事的绘本。

(Ngai),请求恩迦让他住在水里。“不可以。”恩迦说,“因为,你会吃掉我的鱼。”“我不会,”河马保证,“我会摇摆我的尾巴,张开我的嘴,这样你就可以看到,我嘴里没有鱼骨头。”“好吧,”恩迦说,“可是,你晚上必须要从水里出来。”河马很满意,书上的故事就这样结束了。

可是,约瑟夫却要重新编排这个故事,他的恩迦命令河马去吃鱼。约瑟夫从他的座位上威风凛凛地站起来,说出下面的话:“跳进水里去,热河马,去吃鱼!我讨厌它们,去把所有的动物都吃掉!”

萨曼莎不高兴了,她决定做自己故事里的河马。当河马去要求住在水里时,恩迦死了,所以河马成了新的神。萨曼莎宣布:“河马是万物之神,而且,不允许他人打扰。”

这些胆敢重新编造神话的人是谁?他们就是在课堂上没有得到任何指导而编造出情节和对话的一些孩子。而且,大部分的时候,老师都意想不到呢!

令人惊讶的是,小孩天生就知道如何将所有思想与感受都编成故事。如果担心迷路,他们就变成找寻孩子的父母;如果生气,他们就找个热河马,借着它,把自己的意志强加给世界。甚至连幸福都有它的情节和角色，例如:“假装我是小宝宝，你只爱我，你不会一直打电话。”

当然，那只是个游戏，但是，那也是表演中的故事。就像说故事是一种以叙事的形式来表现的游戏。它们的区别对我来说是重要的。因为，演故事与说故事已经成为我所教授的所有班级的课程。每个想象故事的某一处情节都是我宝贵的一课，都能引导我提出问题，作出解读，使我可以瞥见个人渴望与故事联结在一起的普遍主题。

“莉莉,我正在想那个迷路的女孩,她的父母找到她了吗？”

“他们进错森林了，那里有一只狮子。”

“一只友善的狮子吗？”

“他是一个狮子王。但是他们走错森林了。”

在我早期的教学岁月里，我都身处在一个错误的森林里。我不太关注小孩的游戏,也不听他们说的故事,虽然儿时的我,也一定想象过这些不可思议的事件。

事实上，我童年最深刻的记忆，是每天在操场上演的好人与坏人的追逐游戏，我当时在玩吗？还是只在旁边看着？我默默地回放学生时代的对话，还有一张我写给别人的纸条，也可能是别人写给我的——甚至直到今天仍能重现在我的脑海："你要当谁？我们假装是姐妹好吗？"

除了表演，其他都无足轻重。我们把恐惧、友爱表演出来，也创造出有台词的角色；我们的满足感取决于我们创造出来的角色。

但我们会小心不让这秘密在教室里泄露出来，以免恩迦[1]收回他的爱和在凉爽的水中游泳的允诺。恩迦不喜欢这么多热河马在学校浪费时间说他们自己的故事。

幸运的是，一千个恩迦也不能抹掉孩子们说故事的本能。它永远在那，随时会被激活。就算是我去重述约瑟夫的恩迦故事，我也不禁要把它说成我自己的样子。说故事是会传染的，而听小孩说他们的故事，当老师的会再一次燃起说故事的欲望。

一旦我们深入到集体的想象中，便比较容易集思广益，进而建构起神话。一个没有创造自己传奇故事的教室，就像是尚未潜入生命的所在。

---

[1] 这里应是指代老师和学校。

任何一个集体的幻想，都是形成它本身文化的基础，这就是我们寻求共同点的地方。那些我们已经忘记要怎么去做的，却正是孩子们最擅长的：他们编故事。他们的故事可能是一个活泼、不受约束的想法的原始模式。

“我捉到强盗了，”爱德华轻声地说，“我要把他们关进监狱里。”

“不对，是我。”伊莱抗议。

“不能两个人，那太多了。一个人必须……不能太多。”

“好吧！你做警察爸爸，而我是警察哥哥。”

“两个都做警察？”

“不要太多。”

“只是两个而已，两个，一个是爸爸、一个是哥哥。”

没有老师能够设计出这么好的课程，来解释“太多”跟“两个”。伊莱和爱德华，通过幻想游戏，从故事当中看出这样的抽象概念。在将一个概念戏剧化的过程中，孩子会找到专注与持续的方法，同时也满足于对隐含意义的本能的把握。

这就是游戏使人觉得这么好的缘故。发现与利用我们自身的任何部位的本能，是所有体验中最令人心满意足的。它将堵塞的道路重新打开，并开拓出新的路线。任何一种对语言与思想的研究，如果排除了戏剧化的游戏，以及这些游戏的主题，例如：友谊、安全性、失与得等，便是忽略了创造性过程中最有利的激励因素。

“游戏”以及其核心“说故事”，是托儿所与幼儿园最基本、最实在的东西，而且它们很可能成为我们一生想象力的基础。不管怎样，对年幼的学生而言，我们若说游戏包含了那唯一能够让小孩从头到尾都理解的情况，也不会太过分。

想想看，这里有二十四个学生，让他们自己选择演出的同伴，每一组都演不同的戏。场景不断改变，让他们演生演死，让他们创造新的情节跟结局。没有一个小孩会问：“到底是怎么回事啊？”

当莉莉在说她的故事给我记录的时候，大概有六七个其他主题，在我们周围闹哄哄地四下乱闯：

“你想演老虎？剑齿虎[1]吗？”

[1] 大型猫科动物进化中的一个旁支，已灭绝，因其长着一对巨大的犬齿，足有半尺长，故名剑齿虎。

“超人！我打中你了。”

“哇！哇！妈妈！妈妈！”

“打击恶魔！绿魔鬼！”

“喵喵，可爱的小猫。”

“你是爸爸吗，西蒙？这里是我们的山洞，给好熊住的。”

没有一个小孩会问：“大家在做什么啊？这些在地上爬啊，蹲啊，爬上爬下的人是谁啊？”没有一点疑惑，大家都只想把自己编到别人的故事里面去，或者是想要说服同学加入到自己的故事中。

但是，要是老师将日常例行的事做一点小小的改变，例如要他们改变吃点心的组别，就会引起一阵骚动。我在谁那一组？我应该到哪里去？在这一点上老师并没有做错。只是幼儿园教室里自然形成的秩序规则，反对任何回避幻想或是友谊的安排。小孩子们并不理解老师的意图，不会按老师的逻辑去想。

要是老师说：“西蒙，因为你在熊的洞里之前是约瑟夫的父亲，所以你必须到他那一桌去。”那么，每一个人都会了解，而且赞成。或者，要是有一个小孩建议：“假装有一个强盗偷了一张餐桌，我们必须找到另外一桌。”那么这个新的安排将会实现。

“假装”常常让大人迷惑，但是它却是小孩真实而严肃的世界。在假装的舞台上，任何的身份都是可能的，秘密的想法可以安全地展现出来。

伟大的作家们知道这个真理，在童年时代就记住了它。他们只有在假装自己是别人时，才能描述出真实的人物。剥夺了作家们的幻想，他们就会不知所措，四处去问：“我是谁？我应该做什么？”

小孩也是这样，刚刚到学校，四下游移、心生忧虑，直到有人和他们分享一个想象的故事，有角色可以演。然后他们就有了人物及空间的归属感，带着目的和快乐的言语也就流淌了出来。

要是孩子在教室里正在说故事，而我要走进他们的节奏里去，那我必须在他们的舞台上表演，否则我们很少能听懂彼此。当然，我永远不能像他们那样，因为，小孩在说故事时，也同时是在演故事。

游戏是模式，游戏也是目的。一个三岁大的小孩说出来的最原始粗糙的故事，即便只是列举一些排列在桌子上的东西，其中也有不可言喻的情节。

“有一支蜡笔，一张纸，一把剪刀”可以解释为：“假装我是一支蜡笔，我在一张纸上画图，剪刀想要剪我，我滚下了桌子。”

孩子们的故事总是有情节的，言语是在行动中想象出来的，接着这些言语就成了游戏的剧本。萨曼莎，四岁，剪下一个圆圈，拿它在桌子边缘滚来滚去，她正在等着轮到自己说故事。

从前，有一个小婴儿，她有一个圆圈圈。小婴儿哭着要奶瓶。然后她的圆圈是有魔力的。她哭过之后，她再也不哭了。她是一个大女孩了。

那个圆圈可能真的有魔力，要不然，这样一个故事怎么可能会出现？而约瑟夫的超人英雄的游戏，也一样轻而易举地演变成了一个故事：“我是蝙蝠侠！”他大叫，甩着他的斗篷，在桌子中间跑来跑去。

“你为什么不当希曼？”亚历克斯问他，“他比较厉害。”

“可是我会飞，你看我的斗篷！”

过了一阵子，约瑟夫说出一个故事:“有一次希曼来，蝙蝠侠飞得比较高，他比较厉害，他反败为胜。”

“他怎么反败为胜的?”我问。

“因为他把坏人都关起来,”约瑟夫回答,“嘿，亚历克斯，你要在我的故事里当谁?”

“叫我骷髅王。”

这让约瑟夫很高兴，他透露:“亚历克斯总是比较喜欢当坏人。”约瑟夫比我更了解亚历克斯对好与坏的感受，因为他们常常在一起玩游戏，而游戏是一切故事中最令人信服又最能增广见闻的。

幻想游戏与说故事是分不开的。当我们在演爱德华说的故事时，也在听着他讲故事。我才读几行，他便回到想象的游戏里去了:“你没有讲到坏人，那里有一只狼。因为那里有一个烟囱。而且，那里也有一个小孩。”

值得注意的是，每个小孩的第一个故事，都是世界历史中一件独一无二的事。莉莉在学校说出的第一个故事，是我或者其他人以前从未听过的。

爸爸关掉了电视。

那是她的故事，就这么一句。两天之后，她的第二个故事带入了另外一件事。

莉莉不想脱掉她的睡衣，那是我想要说的。

一星期之后，一个保姆进入了她的故事。

玛希，那是玛希，她有黑色的头发。有妈妈和爸爸，还有莉莉。

下一个故事听起来几乎完全一样，只是临时追加了一点东西。

有玛希，有妈妈和爸爸，还有莉莉，而且妈妈留下来住。

到了月末，集体的、有魔力的效果就显现出来了。

有一个怪兽，他不坏。凯蒂是妈妈，我们需要一个宝宝，我们也需要一个爸爸，那是爱德华，他系了一条领带。我是披着斗篷的小女孩。然后她去了别的地方。

莉莉的故事有一个新的意义：她抛弃了真实的世界，发明了一个假想的世界，让她能够拥有更多的控制权。现在她的故事像是游戏了，那是人类最为常见的一种功能，就像爬、走和跑一样自然。不需要别人的引导，这些技巧就萌发繁茂了起来。没有人需要别人教怎么走路，也没有人需要别人教如何将幻想表演出来。幻想的方式与动机都来自孩子的内心。

小孩并不会注意自己怎么走路。如果他们不断地注意自己的行动，他们就会摇摇晃晃，就会跌倒。要是他们去注意别人怎么走路，结果会更糟。

也没有小孩会去反省他们内心的幻想。若是他们在这种像做梦一样的状态下说的话被别人无意中听到了，他们会很惊讶，而且也会尴尬。

然而，几个小孩把他们的想象编在一起的时候，集体的本能就会要求要有一个更明确的组织安排。这时候，孩子们会坚持一些规则，要求彼此集中注意力、用心想、作比较、作诠释，而且作自我评价。当孩子们的故事触及魔法的时候，他们的描述也必须真实，场景看起来、听起来都要可信。

所有的孩子都同意这个游戏观，这一事实让游戏发生，他们的自我也随着游戏的发展而改变，这使得说故事和演故事成为普遍的学习媒介。小孩子，不管是哪一个年龄的小孩，都期望着幻想产生——当然他们本身也无法阻止幻想的发生——这种不断进行的对话，为年幼的小孩带来了智力上与情感上的丰富的认知。

当我们离开剧院的时候，听听我们自己说的话。我们经常会带着很高昂的情绪，兴高采烈地谈论着刚才所看到的，即便它只是一部很平庸的电影或戏剧。顺便说一下，孩子们的游戏和说故事,对另一个孩子来说,从来都不是没有意义的。孩子们彼此之间的想法是那么协调，几乎每一个故事都包含着真理的元素。

即使“有一支蜡笔，一张纸，一把剪刀”这样的故事也是那样的吗？当然是。因为，在欢迎孩子们进入教室的时候，没有什么能比写作工具这样的东西更明显地表达了大人的期望。正是孩子们教会了我们符号与礼节的含义，通过假装它们是别的东西，使它们变得有意义。

小孩子们本身的礼仪和形象，似乎主要是与友谊和想象的应用有关，用以避免恐惧、孤独，进而建立与人和事之间的舒适关系。在游戏里面，小孩说："我可以做好这个，我可以扮演得很好；我了解发生在我身上的一切，我也了解发生在别的小孩身上的一切。"

在说故事时，一个小孩说："我就是这样把我心里在想的东西翻译出来、解释出来的。"约瑟夫把他平常说的蝙蝠侠或蛇的故事暂时摆在一边，另外说出了一个很不一样的故事。那是在他妹妹出生的那一天。

从前有一座森林，然后来了一个丈夫和这个丈夫的太太，然后还有一个婴儿。那个婴儿有一把枪。那个婴儿长大以后，跟着爸爸出去打猎。

这样的故事是从哪里来的呢？我们可以想象它可能的意义：森林代表着未知的事物；把妈妈和爸爸称为妻子与丈夫，表示出了约瑟夫的距离感；婴儿有一把枪——婴儿从来不会有枪——说明了他与妈妈之间的距离感。这里没有肯定的答案。约瑟夫为自己的困惑创造了一个故事，说了他的故事之后，又把它演出来，他这才搞清楚他原先不知道的，到了必要的时候，他就会使用这些新的信息。

对我来说，问题是：如何安排每一天中大小事务的优先顺序以促成一种环境，使孩子们能在其中告诉我们他们所想的，还有那些仍在“局外”的孩子身上发生了什么事。

贾森就是这样一个小孩。他只说直升机和坏掉的螺旋桨，对身边的游戏与故事漠不关心。他对学习有他自己的构思，到目前为止，似乎和每个人都不一样。

这使贾森成为一个有价值的班级成员，也使他成为相关教学书本上的一个重要人物，因为一个人不能以抽象的方式教学。那些不能达到教师期望的学生最能说明一种教学风格。这些小孩在教室里散发着最强的光芒。这一年，是贾森举着这盏明灯，紧紧地将之绑在他的直升机内部。他呈现出一个生动的形象，可是我要怎么来评定他的成长呢？

为了证明他的进步，也许可以从我为他记录的言语中得知，而这些言语是他从闯入他私人世界的小孩那学来的。然而，为什么我会对这个发现如此震惊？我不是一再地说过，也写过，这是本来就应该发生的吗？

我是说了很多，但是，很显然，在这一过程中我并未完全理解和相信，在似乎看不到成效时，是贾森的出现，为我证明了它的作用。当我在学习注意倾听贾森讲述他的有关直升机的幻想时，我开始以一种新的方式去注意：唯有走进、深入每一个孩子特有的内在想象里时，我们才能在一个共同的事业中共同前进。否则所有的一切都是表面的，我们触碰不到彼此。

在我述说贾森的故事之前，尚有一些有关我自己的部分要提一下。老师们是这个说故事群体中的一员；从孩子们身上我们看到，教室里的每一个故事都影响着其他每一个人，而且必须要把它说出来。

教师与理论创造者

23

当我刚开始做老师的时候，我是一个既不擅于听故事也不擅于说故事的人。我孩童时期所确信无疑的东西，已经被埋在一堆彼此不相关联的信息底下。在教室里，我是一个陌生人，一个离孩子们的思考愈来愈远的人。

我对我自己的了解，并不比我对孩子们的了解更多，我该怎么做呢？我几乎记不起从前我的老师对我说过什么，我怎么才能知道要对这么多小孩说些什么呢？矛盾的是，当我把注意力从自己转到孩子们身上时——做个孩子意味着什么？孩子们在教室里时在想些什么？——我开始更清楚地理解我的角色了。

一个名叫弗里茨的研究生协助我开始倾听孩子们的声音。他怀疑老师对孩子们的看法的准确性，此外，他向我证明了那个撒谎说自己五岁了，叫查尔斯的男孩并不是一个恶霸。

“查尔斯，你把所有的沙子都霸占了。”我大声说，并冲过去维护他的同学。

“他并不在乎，而我需要这些沙子。”

“可是，那一堆沙子是在汤姆面前的，你并没有得到他的同意。”

“他知道那里是建城堡的地方。”

查尔斯是最大的麻烦人物，我这样抱怨。可是弗里茨的记录表格所显示的并非如此。事实上，在百分之八十的时间里，查尔斯都是一个扮演亲和角色的领袖。显然，我才是那个麻烦人物：我对查尔斯的评语有百分之七十五都是负面的。

这些都没有让弗里茨感到惊讶。弗里茨每天都观察并记录下我认定是查尔斯在做错事的时间及事情的真实情形。他见惯了这样大的差异，而我却忧烦不已。看我可怜，弗里茨提供给了我记录表格，要我用它们来改善我的行为，目标是给出百分之八十五的正面积极的回应。我照着做，注意着时间，对查尔斯说了鼓励的话，并每天在表格上一项项记下来。

记表格的方式只做了一星期，不过它并非没有价值。就像几乎所有我接触到的其他研究一样，它能使我更真切地进行观察。在为了表扬查尔斯而对他进行的评论过程中，我听到了他的同学尊敬他的理由。他不断地为他的同学们提供着角色与情节。

“嘿，汤姆，你要玩城堡吗？这是一个城堡的吊桥。”

“我有它的钥匙。”

“不可能，那时候还没有发明钥匙，这是唯一可以放钥匙的地方。好的，把钥匙放在那边。这是一艘战斗宇宙飞船，它的威力可以杀死人，快！快！把吊桥拉起来，隐形蜂来了！快，拿出你的魔法钥匙，假装它有魔法，摸它一下，我们都变成龙了！”

我察觉出我自己的抗拒，我抗拒孩子们的热切渴求与好奇，并想知道我身上缺少了什么。现在是我在好奇——不是弗里茨——这事注定要朝着更广阔的方向发展！除非我有了我自己要问的问题，有了自己要观察的一些事件，有了我自己将所有这些与教学结合起来的方式，否则我什么都学不到。

表格记录不是我擅长的方式，即便是我上小学的时候，这也不是我擅长的方式，尽管对那时候的事我也不大记得了。甚至是皮亚杰[1]（Piaget）——他的实验我重复做了三年，他有关孩子的言论似乎很好而且真切——也无法指导我下一步要做什么、要怎么做，或帮我对下述的讨论做好准备。

“我们必须来谈一谈关于打扫的事，”有一天，我在休息时间这么说，“我要批评一下。有很多孩子不帮忙。你们中有些人躲到图书室，而不动手打扫。”

“你可以装一个活板门呀！”约瑟夫说。

“我不是在开玩笑，约瑟夫，我们不要提什么活板门，我在讲的是那些不帮忙收拾的人。”

“把他们关在里面，”萨曼莎说，“那样他们就被锁起来了。”

“活板门更好。”约瑟夫坚持说，“你看，如果清扫的时候他们在那里，活板门就会突然打开，把他们关在下面。”

“这样会有人受伤。”我说。

[1] 琼·皮亚杰（Jean Piaget），近代最著名的儿童心理学家，认知心理学家。

“我赞成约瑟夫，”西蒙喊道，“然后，他们会落在该清扫的地方。”

“对——对——活板门真棒，”亚历克斯加入进来，“它有个滑梯，所以他们不会掉下去，他们会溜到要清扫的地方。”

“要是他们真的掉下去怎么办？我想还是锁起来比较好。”阿琳说。

“是啊，我可以找到钥匙。”

这一讨论已经远远地把我甩在一边。一旦解决办法变成魔法式的想象时，就没有办法将孩子们引回来了。我还是试了试：“我不喜欢活板门的主意。我们来想一些新的办法吧。”

“找个警卫。”西蒙说。

“还要带枪！”

“不许开枪，对吗，老师？”萨曼莎决定要把事情处理得合理一些，“好吧，那就用活板门。”她总结道。

约瑟夫那活板门的点子，在我们的头上盘旋不去。我真实性的概念完全抵挡不住孩子们将问题放在幻想情境里去的欲望。他们不再假装自己是说故事的人；他们就是说故事的人，他们用本能去处理一切，那是他们的思考方式。

有一段时间，清扫工作确实有了改善；经过一次良好的谈话之后，人们总是变得更加大度和易于协商。在这件事上，孩子们更喜欢想象出带枪的警卫与活板门，他们认为那可以为我们处理没完没了的清扫杂务带来更加合理的保证。这可以创造出更好的故事。

我们被教导说游戏是孩子的功课。但是，通过观察和倾听他们，我明白了游戏就是真理与生活本身。

由对游戏的即席录制，转移到对游戏内容的认真分析，我通过教学与写作，对这个主题不断进行研究，如今，我不对游戏做研究便无法教学、无法写作，反之亦然，它们彼此不可或缺。对我而言，录音机是必备的，我将每一天的游戏、故事与对话录下，并且誊写出来，然后把正在发生的故事记录下来。到了第二天，我写出的东西将通过孩子们的真实的活动得到校正。

就游戏的本身而言，那过程是永无止息的。孩子们每年都发明新的意象与象征，而我继续不断扩展着对我们在课堂上所做的事情的认知。

我曾经认为，教导孩子们如何解决他们的问题是我的职责。我曾经写道：我并不要求你们停止对游戏的思考。我们的约定是这样的：如果你们能不断地努力阐释自己，我就会不断地告诉你们，如何去思考你们需要解决的问题。

几年之后，这一约定就需要重写了：让我研究你们的游戏，努力去发现“游戏”是如何协助你们解决问题的。游戏中包含着你们的疑问，我必须先知道你们的疑问是什么，然后，我的意见才有用处。

这还不够精确。现在，我会加上：将你们的游戏用故事的形式叙述出来，我会协助你和你的同学们倾听对方的故事，这样，你们就会建立起有关意象与主题、有开头又有结局、有依据又有引述的文学。如果你们想要将自己的想法与别人的想法结合起来，就必须创造你们自己的文学。

三岁的文尼把她的泰迪熊头朝下抱在怀里，说出了她的第一个故事：

从前有一只熊，他头朝下站着。

演出之后，这个一句话的故事帮了文尼很大的忙。她为先前她还不认识的这群孩子的文学贡献了自己的一份力量。现在大家知道她了，而且，很快地，她会通过他们的故事了解班上的同学——那些在游戏中显现出来的和那些写在纸上能够长久保留的故事。

故事是文学，游戏是生活。从一开始，所有的道路都通向充满幻想的游戏，可是，我的地图却绘制得很差。当孩子们针对他们当下的问题与潜在的恐惧，说出他们的解决之道时，我在挣扎，同时又在增长着知识。

当西尔维娅——很久以前的一位“问题”小孩——在娃娃角的小床边又哭又踢，接着动手把盘子都扔到地板上的时候，我担心她会打扰到其他女孩的游戏。当别的女孩强迫她改变她的行为时，那一出幻想表演，演得几乎像是一出特别设计出来纠正烦人的同学偏差行为的戏剧。

我不久发现，在这一点上我错了，那个踩错脚步的孩子，只是在我定的节奏中乱了脚步而已。在孩子们看来，西尔维娅是在演家庭剧里许多角色中的一个而已。

她并没有破坏他们的游戏。要是西尔维娅不是那个“坏宝宝”，别的孩子也会顶上去扮演那个角色。就此而言，“坏宝宝”和“生气的妈妈”或“凶恶的姐妹”一样，都是孩子们即兴戏剧中的基本主题。

一旦我开始把孩子看成说故事的人与剧作家，幻想作为学习工具的潜在可能性，便推翻了我以往对课堂的那种期望。

教室里这种生活的方式，重新诠释了我的研究。无论我可能想要观察和记录的对象是什么，它们都会将我引向对孩子们的世界更为深切的关注和更加生动的了解。如果我去研究孩子们的阅读或数学演算，情况也会是如此，但是，当以幻想作为对象时，其关联就更复杂而且微妙了。

幻想是不受拘束的论题，它不受限于任何标签。从某种意义上来说，我们成年人不是仍然不断地心生好奇，毕生都在研究我们自己的幻想吗？不正是我自己最喜欢的老师的幻想，使我在寻找黄砖路[1]（沿着这条路孩子们和我会蹦蹦跳跳地去往神奇的王国）的过程中充满着担忧吗？

这种能够解释孩子们的真实感受的幻想，使我最终尝试

[1] 美国作家弗兰克·鲍姆的代表作《绿野仙踪》中的元素，主人公多萝西要通过这条路才能走到翡翠城，但这条路她找了很久。

着把注意力从真实的事情中分离出来，停下脚步，去倾听孩子们的声音。他们的幻想给我活力，鼓舞我更深入地走进惊奇与神秘之中，而我渴望追寻更好的方式，以将我所听到和看到的讲述出来，并且找出幻想与教学之间的相关性。

如此期待幻想，并不算过分。即使没有录音机，孩子们每天也依然做着同样的事，我们称它为戏剧。他们将涌现在脑海里的言语与意象改编、展示出来，放置在舞台上。他们同时成了演员、作家、批评家、语言学家、数学家与哲学家。他们并不需要我们去教他们如何做。

不过我却需要他们来教我，幻想要达成的目的是什么，而且，几乎任何我所想的、我要写的，在编成故事之后就更有意义了。尤其是现在，我注意倾听的说故事的人才刚刚开始他们的学校生涯，情况更是如此。

他们不会将任何事视为理所当然；每一件事都可以编到故事里去。从教三十年之后，如果我想要了解复杂的想法在游戏里是如何被研究的，我仍然必须要仔细聆听。没有什么主题是太过曲折复杂以致无法用表演的力量予以阐释的。

凯蒂、西蒙、亚历克斯与阿琳正在玩“水床”的游戏。我一直听他们的猫叫声，他们装扮成宇宙飞船里的四只猫——但是，当我走进去仔细听的时候，才发现，很显然，他们的主题是“水床”。

“我睡哪里？”西蒙问。

“你睡水床，因为你是爸爸。”

“水变成的床吗？”

“转一下床，它才不会吱嘎响。”

“还有漏水。吱嘎响和漏水，还有偷看。”

“只有爸爸和妈妈能在那里偷看。”

“喵！水流下来了！”

“救命呀！救命呀！我们不会游泳。有个怪兽！”

“他在水里。”

“床也浮在了水床里！”

“这里有浮木，跳到浮木上！”

后来，西蒙说了这个故事：

从前，有一只小松鼠。他的妈妈说：“去睡水床。”他就去了。然后他就被水淹了。不过，他没有被淹死，因为水漏了出来，他也漏了出来。妈妈叫他游回家。可是，他不会游泳。

“小松鼠是怎么回到家的，西蒙？”我问，“他不是不会游泳吗？”

“那不是大海，那只是一条小溪，所以他走回家了。”

游戏和故事还有谈话彼此互相滋养，进而不断演绎为更合逻辑的思想，更富有社交性。一切都在那里，它们是孩子最初的智慧，是孩子情感的能量，是一座花朵即将盛开的花园。

今天，约瑟夫带了一条玩具蛇到学校来。“把我列在故事的名单上，”他如此宣布，代替了打招呼，“我的故事里有一条蛇。”

约瑟夫的招呼方式不算怪异。他说的名单贴在我们称为故事桌的大圆桌上，虽然它看起来像是随便摆在教室里的放蜡笔、色笔、纸张、剪刀和胶水的乱糟糟的储藏桌。这里坐着说故事的人、画图的人、剪纸的人，大家注意看、认真听，好多角色、声音不断出现，让人觉得他们都是剧中的人物，几乎每一个人都有话要对说故事的人说。

当故事的讲述发生在僻静角落的桌子旁或走廊里时，效果会与此大不相同。我们这种说故事的方式具有社会性，我们有意要穿过所有其他的活动，进而提供最广阔的机会让人产生共鸣。故事不是私人的世界，个人的想象力在这里扮演了主人的角色，它要接纳这个环境里所有的刺激，激起思想的漩涡，把所有的听众都卷进去。

我在这一过程中的角色，从一开始就是清楚的：首先，为了使大家都听得到说故事的人说的，我会重复每一个句子，并且将它写下来。如果我说错了的话，这同时也是给说故事的人一个纠正我的机会，而且在说故事的过程中，如果另有新的想法出现，他也可以改变故事的内容。

“不是一个巫婆，必须有两个巫婆。”阿琳告诉我。

“有一只猫，是吗？你说过‘有一只猫走过来’。”

“凯蒂是一只猫，而莉莉是猫妈妈，那样就有两只猫了。因为必须有一个妈妈。”

“哦，因为那两个巫婆吗？当有巫婆的时候，就必须有一个妈妈？”

“是的。”

对故事里每一个我可能误解的部分，我都会提出问题，一个字、一个词、一个音效、一个角色，或是一个动作，只要是我觉得不理解的，意义不明白的，还要进一步解释的，我都问。说故事的孩子知道，故事不久就要演出，演员需要有明确的方向，故事要让每一个人都理解：演员、听众跟解说员。

“啊！他们掉到陷阱里去了！”

“谁掉到陷阱里去了？巫婆们吗？”

“不，掉在陷阱里的是个坏蛋。”

“所以除了两个巫婆以外，还有另外一个坏蛋是吗？”

“巫婆们是好人！”阿琳决定让剧本演得安全一些。

相比于课堂上的其他任何活动，在这一活动中，孩子的目的和我的贴得最近。我们都想要谈论故事，这个事实可以增加我的第三个角色——联系建立者的可信性。一整天下来，我可能会提到孩子们的故事和其他的故事、书本或事件之间的相似之处，但我会尽量避免在孩子们说故事、我做记录时提出来。我不希望对故事的过程施加不必要的影响。当然，孩子们并没有这个顾忌，相互影响正是他们想要做的。

凯蒂是今天第一个说故事的。“我的故事里也有一条蛇。”她告诉约瑟夫，虽然刚刚我们已经听她说了她的故事是有关红蜡笔的。“有一支红蜡笔。”她刚才还这样说，可是现在她的目标是为了吸引约瑟夫的注意。

“从前,有一条蛇。”她说。接着约瑟夫跟西蒙就坐下来听。“然后一只狮子把他们吓跑了。”

“他们是谁？”我问。

“是啊！他们是谁？”西蒙跟着说。孩子们模仿我向说故事的人提出问题的习惯，这几乎不需要我去教他们。在游戏的过程里，他们不断地互相提问，而我所做的正是他们做的，事实上，提问题的方式是我向他们学的。例如，他们如果已经知道了答案，就很少问别的孩子问题了。

“凯蒂，在你的故事里面，除了蛇还有别的吗？”

“有一只鳄鱼！”她做出吓人的样子。我记得最近在约瑟夫的一个故事里，西蒙才扮演过一只鳄鱼，不是吗？

“不要有坏鳄鱼。”西蒙告诉她。

“好的。”

就像在游戏时一样，在说故事时，我们称为“插嘴”的社交活动，通常会改善故事的叙述。我回想起我说过“请不要插嘴，让别人把故事说下去”。我这么做是因为我自己没有抓住说故事人的主旨。那时我并不了解，说故事的过程就是一个分享的过程，它是一个基础的文化设置，是一种“语言的社交艺术”。

凯蒂继续说：“然后，妈妈来了。”凯蒂的故事里总是有一个妈妈，那是她的主旋律；其他所有的都是背景，起烘托作用。“我是妈妈。”她说，“我长得很大，而且我用一支红色蜡笔把狮子煞[1]走。”

“是把狮子吓走吧？”我提出建议纠正她。

“狮——啊——煞！”她坚持说。还没等我问她狮子为什么害怕红蜡笔，她就跑到娃娃角去了。

也许，稍后我们演出她的故事时，我会找出答案。那是我最喜欢的问题类别之一，因为，无论如何都无法预料它的答案是什么。有时候我怀疑，孩子们是不是故意想出这种奇怪的念

---

[1] 原文为 scardered，是小孩说话不清晰造成的单词拼读错误，正确应为“scared”。

头，因为他们知道找到好的问题会使我高兴。就算真的是这样，这也证明了，孩子们会因为能引起别人真正的好奇而感受到成就感。因为他们都需要更多的信息，所以当处在一个人们都小心倾听，而且提出适当相关问题的环境里，说故事的人可能真的会受到启发与鼓舞，而在故事里放入更多出乎意料的惊喜。自然而然地，孩子们就会学到意料之外的结果所具有的逻辑内涵。这是很好的训练，有益于对因与果的终生研究。

约瑟夫把蛇交给西蒙。“我要编我的故事了。你给他做个大房子，有前门和一个可以藏身的后门。”

现在，我们会看到平行的故事正在酝酿中：约瑟夫的在故事桌，而西蒙的在积木堆。蛇与鳄鱼今天会有多种诠释；主题弥漫在空气中，而那些书写在纸上的各种不同的诠释，一旦被演出来，它们又会被扩展，又会有新的改变。

很久以前，我发现，说出来的部分在故事的生命中只占有短暂的时间。我们演了她的故事之后，凯蒂又补充道：“有婴儿在哭。”

“婴儿？”

“你看不到她，因为她太小了。”

凯蒂的故事是一个生动的、演变着的东西，它受自己内在和周围戏剧的影响。约瑟夫把他的玩具蛇放在桌子上，而那条蛇就成为凯蒂故事里的一个角色；那支红蜡笔——她有一笔没一笔地画着弧形彩虹——是用来吓跑狮子的；如果在故事屋里阿琳坐在她的身边，那么故事里就可能会有个小妹妹。不，我忘了：阿琳不再接受小角色了，她是大姐姐，是少女，或是妈妈。

当说故事变成剧本的创作时，孩子们对别人的喜好会更敏感。约瑟夫现在是第二年说故事了，当展开他的故事时，他常常会请教他的演员们。

当蛇在睡觉时，他听到“砰、砰、砰”的声音，那是他的朋友鳄鱼，就是西蒙，然后是那“叮咚叮咚”的声音，你喜欢这样吗，西蒙？然后，蛇对鳄鱼说：“我想吃东西。”鳄鱼说：“来我家吧。”然后，蛇妈妈来了。凯蒂，你是蛇妈妈，蛇妈妈有六个宝宝，然后狮子来了，狮子想要进到梦[1]里但是进不去。

[1] 正在睡觉的蛇做的梦。

所以，他就离开了。

“狮子是想怎么进到梦里去？”我问。

“他‘吼——’着进去，而且他用脚去推那白白的部分。”

“蛇听到了吗？”

“没有，因为他睡得很熟。”

一般来说，梦是一个颇有张力的话题。加入到故事里的梦，会给好奇的老师提供无限的可能性。

“记得我们之前谈过狮子想要怎么样进到梦里去吗？”故事演出时，我问约瑟夫。他当然记得。孩子们记得和他们的故事与游戏有关联的每一件事。约瑟夫逐字说出他的答案。他不需要录音机就能做精确的记录，我则需要。

亚历克斯马上建议约瑟夫：“假装狮子进到梦里面，当他看见那么多的蛇时，他‘啊’的一声，逃跑了。”亚历克斯演狮子，他在为自己的角色多争取一些戏，就像演戏时，他常做的那样。孩子们本能地就明白，故事属于游戏的范畴。自由发挥的剧本始终受益于自发的即兴创作。

未经演出的故事，是稍纵即逝的梦：是个人的幻想，是孤立的，未经检验的。如果哪一天我很忙，想把流程缩短，只大声地念故事而略去演戏的部分，孩子们是会反对的。

他们说：“可是我们的故事还没有演出来呢！”当打扫的铃声响的时候，也会听到同样的抱怨：“我们还没有玩宇宙飞船，我们才刚把船做好！”未经演出的故事只是一个空壳子，这个过程是不完整的。

孩子们喜欢把书本跟童话故事戏剧化，但是如果没有时间，只读一读，也可以过得去，能把它们演出来当然更好，不过通常情况下倾听就够了。但是对自己的故事，孩子们的感觉就很不一样了。一旦他们看到故事可以演出来，他们就绝对不会满足于“半途而废”。

进一步说，从老师的观点来看，游戏与故事中的事件构成了孩子们最好的主题，这是他们最想要讨论的，也是最容易延伸到别的主题上去的。

“我仍然在想，那只狮子和那个梦。”在点心时间我告诉约瑟夫，“你说那只狮子进不了梦里，是因为那些蛇都在睡觉的关系。”

“是啊！你看，当你在睡觉的时候，门是锁着的。”

“是通到梦里去的门吗？”

“两个门对不对，约瑟夫？”西蒙大声叫道，“前门跟后门，对不对？”

“是的，可是约瑟夫，”亚历克斯很兴奋地说，“有时候坏人，像是那种黑黑的龙，可以跑进来，因为他走在没有铺地毯的地方。”

“那你就会听到他的脚步声？”我问道，“因为没有地毯，不是吗？”

“听到了！就像我们家的厨房，我听到恐龙的脚步声，他们的脚好大。”亚历克斯吸引了所有人的注意。

“挖个陷阱啊，”约瑟夫提议，“接着他就‘咻’的一声掉到洞里的地牢中去了。”

“约瑟夫，我想凯蒂的红蜡笔大概可以吓走梦里的狮子。”我建议。

“噢！那种红蜡笔在梦里没用。”他这样说的意思一定是：他的梦不可能被别人的魔法控制。“但是你可以用在你的故事里。”他很慷慨地说。

这些对话都是开放式的。孩子们发明了前提，他们能够依照各自的立场，将他们的命题向着合乎逻辑的结果一推再推。像这样的问题，他们能很容易地辩论：梦里会发生什么事？有什么样的魔法可以保护睡梦中的小孩？你能够给一个故事想象出不同的结局，是不是就是说，跟梦相比，你更有办法去控制故事？但是如果你说了一个有关于梦的故事，那又会是哪一种控制呢？

这里的问题既严肃又生动，它们进入了教室里的文学与知识范畴，但是贾森还没有足够的好奇心来听，他的注意力还一直集中在他的直升机上："这个螺旋桨越转越快，越转越快，哦！糟了，它坏掉了，坏掉了，我必须修好它！"

贾森的故事

我们注意看着贾森，他蹲在一堆他称之为机场的积木堆后面。孩子们几乎都能把贾森的独白背出来了。“螺旋桨开始转动了，越来越快，越来越快！现在快要坠毁了，现在又离开地面了，越来越高，越来越高，现在发出了好大的声音，噗、噗、噗——要降落了，噗、嘘——好了，一切安全。”

尽管那个黑发男孩不和大家玩，也不理会别人的问题，但孩子们依旧对他和他的直升机幻想感到好奇。贾森对直升机的入迷使他们印象深刻；他们钦佩这种以夸张的形象和声音的方式所展现的强烈情感。

“我们正飞越奥黑尔[1],”贾森对着他的直升机说,“现在正飞过米德韦[2],之后我们将要飞到英格兰。然后又从英格兰到奥黑尔,再从奥黑尔到米德韦。之后飞机就要降落在那里了。螺旋桨停住了，嗡——它转得好快！”

当孩子们密切关注贾森个人创造的景象时，我却担心着一些并没有发生的事情。贾森独自玩耍；他说故事给自己听：他似乎不知道我们的习惯、规律。只要问他问题，他就会说他的直升机坏了。建议他从事某项活动，他又会匆匆忙忙跑去修理直升机，有时甚至会撞翻当作布景的小屋。

某种本能告诉他要抵制我们的行动，保护自己免受我们的侵扰。如果有人碰了一下他的直升机，他会害怕地哭泣；他也会用刺耳的噪声打断我们的谈话。他的表现是希望把我们赶走，可是却得到完全相反的结果：我们的眼睛根本离不开他。

有一天贾森没有到学校来，我给一群吃点心时与他坐同一桌的孩子们说了一个故事。

[1] 美国伊利诺伊州芝加哥市的主要机场。
[2] 芝加哥地区的机场。

“从前有个男孩从来不和别人打招呼，对老师也是一样。”

“这是真的故事吗？”莉莉问。

“我再多说一些，然后你就知道了。他不向人问好，却说‘噗——嗯！’每天当他跑过老师身边，跑到积木区时，他都会这么吼着。”

“‘早上好！’老师会对他大喊，‘你今天带来了红色直升机！’”

孩子们表示认可，笑着说：“是贾森吗？”

“我再继续说。那个男孩没有回答老师，他正忙着搬一些大积木到靠窗户的角落去。”

“就是贾森，我知道，我知道。”亚历克斯微笑地说，“你只是假装在说故事，对不对？”

“对呀！对呀！”他们对我说，“这是假的故事，其实就是贾森。”

孩子们很喜欢我的故事，他们不认为有人不说“你好”而说“噗——嗯”有什么问题。

“故事说完了吗？”莉莉问。

“还有一点点。然后那个男孩把他的直升机降落在飞机场，不过降落时发生了一点问题。”

“螺旋桨坏掉了！”所有孩子一起高兴地大声说，“然后他就去修理！”

“故事结束了。”我的故事说完了，而且我发现了我需要知道的事情。贾森的故事对孩子们来说很有意义，而我则需要去探索为什么。

“再讲一次！”约瑟夫说。

“等贾森在这的时候，我会再说一次。你们觉得他会喜欢听这个故事吗？”

“他当然会喜欢。”莉莉很确定地说，“这个故事和他的直升机有关。”

那天约瑟夫带了一条玩具蛇来，说了一个蛇的故事，我对贾森说：“来看看约瑟夫的蛇，它移动的样子很好玩。”

可是贾森飞快地跑过我们身边，跑到了积木堆里。当他在搭建那天的第一座机场时，他用嘴唇发出“噗噗”的声音，这座机场会被拆解、重建许多次。破坏与重建是贾森的游戏设计。

约瑟夫说完故事后对西蒙说：“嘿！假装有一只坏鳄鱼悄

悄地挪到楼下，好不好？”他好像要在他刚说完的故事里另开出新的一章。

“好呀！然后我们嘘他？再和他打仗！”西蒙说。

“你不是鳄鱼吗？”约瑟夫问。

“我是变成蛇的小松鼠。嗨，爸爸，你是爸爸吗？我来当孩子，好吗？我是那个跟蛇做朋友最终也变成蛇的孩子。”身份问题是每个孩子最关心的问题，对蛇窝里的两条蛇而言，再也没有比这更重要的了。

约瑟夫抢过最近的积木块，然后举起来说：“我是爸爸，有一把剑和一把钥匙。不过，谁要当鳄鱼？嘿！贾森，你当鳄鱼好不好？”

贾森轻轻地躲进积木当中喃喃地说：“螺旋桨开始转动了，现在你飞起来了，高、高、高起来，低、低、低下去，嗡，你快要坠毁了，你坏掉了，我现在必须来修理螺旋桨了。”

“贾森，看着我！”西蒙吼着说，“你要不要当鳄鱼？一只好鳄鱼？”

“这是一架救援直升机，”贾森更大声地说，可是却不是对着那些叫他名字的男孩，“有人把它弄坏了，我必须修理好。”

约瑟夫还在努力尝试:“我有主意了，贾森，你的直升机来救我们，好不好？救命呀！救命呀！一只巨大的鳄鱼怪兽躲在黑暗里，救我！直升机快来救援呀！”

约瑟夫生气地瞪着这个弯下腰去护着直升机默不作声的男孩。他这个最好的理由并没有发生作用，他很困惑，我也很困惑。我与约瑟夫都知道，课堂幻想的作用是用来沟通想法以及影响群体文化的。但是，贾森的游戏似乎另有目的，他想要我们知道他的直升机故事，可是却不允许我们介入到其中。如果我的理论没包括贾森，那么它们能有多大可信度呢？

所以，下面这一点对我是有帮助的：如果我想追寻教室里那些不愿扮演既定角色的孩子的生活，我就应该从一个理论创造者变成说故事的人。说故事的人首先喜欢悬念，正是对故事中角色的不了解，使人们对这些角色更感兴趣。在一个精彩的故事里，我们会期待那些预期之外的情节，而且我们会假定我们并不知道全部的内容。

坏掉的螺旋桨以及将其修复的欣慰感，贾森的这个仪式是我在孩子们的故事里听到过的最有趣的一个开头。我们期待着进展，不过到目前为止，贾森仍旧只在他故事的开头用心。

男孩子们离开贾森，然后在蛇窝旁的墙上放了一排圆柱形积木，“假装这是有毒的饮料，可是鳄鱼不知道它有毒，然后他就死掉了。”

“假装我们把它放在直升机上……”西蒙满怀希望地看着贾森，可是却没得到任何回应。孩子们提供给他新的角色，可是他仍不愿意从自己熟悉的角色当中跳出来。

我不请自来地加入到这一幕中。“我听见约瑟夫喊救命，贾森，你的直升机可以救那些蛇吗？”

贾森并不受我的控制，他说：“我的螺旋桨坏了，有人把它弄坏了。”

“你能不能让西蒙和约瑟夫看看你是怎么修理的？”

“我不能让别人看到我是怎么修的。”

他称呼那些孩子为“别人”，来了已经两个月了，除了称呼我的名字之外，他没有叫过其他任何人的名字。贾森的玩耍方式仍然是一个关于坏掉的螺旋桨以及动力恢复的故事，而我们的课程则是以说故事为基础。我们需要做的只是吸引他加入到我们的表演中来。

我发现一些关于孩子的重要事情：只要我是真诚的，任何发生在他们游戏或说故事时的事情，都会引起令人着迷的对话。这就是演员与编剧带给那些抱以积极响应的观众的魔力。当莉莉告诉我贾森会喜欢我说的有关他的故事时，她就是依照这个前提做出推断的。

在点心时间时，我说：“在积木区那，约瑟夫、西蒙与贾森发生了一些有趣的事情。”我是很真诚的，因为我真的觉得很有趣。孩子们立刻全神贯注地坐在椅子上，即使是贾森也对这段以他为主要角色之一的讲述感到好奇。

“约瑟夫和西蒙是两条蛇，可是有一只坏鳄鱼，然后西蒙希望贾森的直升机来帮助他们转危为安……”

“不，是我说的。”约瑟夫更正我说的话。

“哦！没错，可是贾森却忙着修理直升机的螺旋桨，因为有人把它弄坏了。”

“是谁弄坏的？”几个孩子一起问。

“我不知道。”我说。

“谁弄坏了你的螺旋桨？”约瑟夫重新燃起兴趣追问。

“一个橘黄色的人。”贾森小声地说。

约瑟夫看了一眼自己的橘黄色上衣说：“你是说一个穿着

像这种衣服的人是吗？但不是我，对不对？你说的是另一个穿橘黄色衣服的人对吗？”

“他是说一个橘黄色的‘鬼’！”佩蒂突然喊了出来，然后咚咚地敲打桌面。

贾森听够了这些对话。他把嘴噘成喇叭状，突然发出警笛一般的尖锐的叫声，然后急急忙忙地跑到另一个房间。他横冲直撞，撞翻了一组精心搭建的纵横交错的火车轨道，跌倒在了爱德华的身上，爱德华气愤地说：“你是故意的！”

可是贾森早已经贴靠在墙边修理他的直升机，根本没听见爱德华的话。

是什么使孩子们能够注意到班上同学的想法、需求以及抱怨呢？我认为跟在其他教室产生意义与秩序的条件一样，那就是：交朋友的需求以及成为戏剧框架中的一部分的需求。孩子们往往能在故事中看见自己。的确，友谊本身是根据幻想角色来定义的。如果你参与某人的游戏，你就是他的朋友，而且你最有可能倾听那些与你共同表演一系列事件的同学们。

如果贾森答应扮演鳄鱼，那么西蒙和约瑟夫就会视他为朋友，他们以后会跟家人说："贾森是我的朋友。"当这种情况顺利发生时，交朋友就是这么简单。

友谊与幻想形成了一条很自然的路径，引导着孩子们进入一个具有别的声音、别的视野以及用别的方式表达与他们自己的想法和感情相类似的新世界。对大人而言，尽管关爱与努力也许能达成相同的结果，但随着时间的流逝，那些堆砌起来的没有实现的愿望通常会成为障碍。对孩子而言，揭示任何一种新的联系都是一个奇迹。

如果说友谊与幻想为每个孩子提供了联系，那么就该有第三个条件，才能使整个框架更完整，使学校变得有意义，那就是：成为更大的集体中的一分子的需求。而集体最能影响说故事者的发展。

两个朋友彼此间会记住对方的故事，也会学会一种悄悄话。但说故事的人是文化的建构者，他需要听众的共同参与。光是游戏还不够，我们还需要一种形式，它在赋予游戏较高层次的客观性的同时，也能抓住游戏的实质，而说故事与演故事就可以完成这项任务。

到目前为止，贾森并没有满足前两项需求，他看起来更像是利用幻想来避开友谊。然而即使对一个停驻在直升机内的孩子，一旦他知道我们能够聆听他的幻想时，他也会让我们接近。

贾森与我们其他人并没什么不同，他也想说出他的故事。如果不是为了吸引我们的注意，他为什么要大声发出引擎声，或到处抱怨他的螺旋桨坏了呢?

但是这种注意，当它只是被吝啬地给予时，并不能叫人满意太长时间。任何想法都必须配合集体的节奏，才能被充分地传达。想象力并不只是单向的作用而已，在与同伴彼此分享观点以及相互提问的情形下，想象力才会发展得更好。

要是贾森还无法成为其他孩子的朋友，也许不太有个人色彩的集体会更吸引他。写的剧本不需要包含互动，因而能够暂时把个人的东西放在一边。故事与舞台为各种类型的孩子提供实验的场所：擅于社交却拙于表达的孩子，伶牙俐齿却不善于表演的孩子，总是局限一隅的孩子以及在舞台边缘匆匆游走的孩子。故事与舞台是肥沃的土地，也许会孕育出适合贾森的果实。

同时，贾森也为我研究这一现象提供了一个新的动机，我想要知道，在这些说故事与演故事的过程中，是什么让孩子们习惯性地在一起玩，而这又是如何影响学校里发生的每件事的。

有一组本能的、自发的反应，能使老师与孩子从中创造出一些可以管理倾听和反应的规则与惯例。在故事的讲述与表演当中，所有的想法都必须被倾听、考虑、比较、诠释并且表演出来。在游戏中建立起来的桥梁会逐渐加长、延伸，其中一部分蛛丝马迹会被组织、标记出来，使说故事的人有迹可循，然后向特定的方向前进。这个主题包含了所有语言及思想：它是戏剧的创造性智慧的传承者。

我们总是得回到游戏，因为故事的讲述与剧本的写作是不够的。相较于在故事屋时的贾森，我必须更仔细观察游戏中的贾森。他游戏中的创造性智慧是如何表现的呢？正如每个说故事的人以独特的信息作开头一般，演故事的人会与最后加入的人发展出一种特别的关系。

就在我渴望贾森能够合群的时候，我也发现合群会破坏一个故事。如果贾森的直升机飞起来去救那些蛇的话，那还有什么值得我观察以及惊奇的东西呢？救蛇行动是约瑟夫的故事。谁或什么东西会是直升机男孩决定救援的对象呢？对我来说，这是这个班上非常有趣的一个问题。

“贾森、贾森！把你的直升机放在这里。”西蒙大声叫喊，“这是我的松鼠跑道，假装你没看见我，然后我在松鼠洞里，然后你看见我，但不是一开始就看见我。”

贾森转身背对着跑道，但是西蒙并没有阻止他。

“你想要降落在这个安全地带吗？”贾森还是没回答。

“不管怎样，”西蒙耸耸肩说，“我会假装它降落在我的跑道上。我假装这里是奥黑尔。”

尽管贾森对孩子们的游戏视而不见，但当孩子们在说他们的故事时，贾森却花了更多的时间待在故事桌旁。

“你想说个故事吗？”有一天早晨我问他。

“我正在切开一片桨叶。”他说。

“这也能成为一个故事。我可以把‘我正在切开一片桨叶’写下来。”

“我的螺旋桨坏掉了！”

“我也可以把这句话放进你的故事里，‘我的螺旋桨坏掉了！’”

他没有回答，我也没有把这些话写下来，我再也不能假装贾森是在口述故事，正如同我无法再假装他与西蒙一起玩游戏。事实上，比起游戏，说故事是一项更为自觉的创造活动。西蒙可以把松鼠洞安排在靠近贾森的飞机场附近，他们的几个主题会在半空中相遇，每个孩子都多少会听到别人的故事。

无论如何，当西蒙在说故事时，他确实知道什么可以放进来，什么应该排除在外。他的故事总是从一只小松鼠开始。

“从前有一只小松鼠，然后有只松鼠爸爸。他们找到一张藏宝图，然后他们和坏人打架。坏人是佩蒂！”

“我只当太空飞鼠[1]。”佩蒂说。

“我的故事里就有太空飞鼠。”

西蒙会改变他故事里的角色，以满足每个孩子的幻想。他年纪比贾森小，而且会用他自己的方法来满足这样的要

[1] 美国动画片《太空飞鼠》的主角。

求——在日常的小事上，当他说的话或意图被人误解时，他就会号啕大哭。但是只要幻想的轮子一开始转动，他就能较清楚地看出争论焦点，积极寻找妥协或是有说服力的论据。

“我是说假装太空飞鼠是坏人，但你真的不是坏人，可是我一开始并不知道，后来我才知道。”

佩蒂满意了，在大家都知道你是好人的情况下假装坏人，可能是世界上最好的事情。他甚至将小松鼠放进自己的太空飞鼠故事里，以报答西蒙的好意。

太空飞鼠觉得房子起火了，那是小松鼠的房子，于是他把河水推到房子上去灭火。后来火就熄灭了。

我们表演故事的舞台，是在故事屋中间的地毯上用胶带围起来的一小块地方。在表演故事时，那里是神圣不可侵犯的，孩子们如果没在表演，他们就要待在舞台外面。贾森不愿意遵守这项规定，他的行为困扰着每一个人。他的引擎在每个故事开始时都会启动，而且在故事只进行一两句时，他就已经绕着舞台满场飞行了。当我们在演西蒙的故事时，他就是这么做的。

于是我问：“故事里有直升机吗？”

“没有。”西蒙回答。

“那么贾森你不能到舞台上来。”

贾森早就知道这个理由。如果作者没有给你表演的角色，你就不可以进到故事里来。给予评论是随时都受欢迎的，但是要在某人的故事里添加新角色，就必须先得到允许。

在表演故事的有限的场景中，这一点是很容易理解的，甚至比在娃娃角更容易让人理解，但在这两个地方，孩子们对戏剧的完整性的要求都非常强烈。这是社会契约的主要方面，而且可以用来作为解决大多数行为问题的基础。你的动作是否属于你所进入的场景？如果不属于，你能否说服演员改变他们的剧本？如果你不能，那么你是否能同意扮演另一个不同的角色？我们将其称为社会化，它的意思很简单，就是——不管在什么年纪，你都要按照手中的剧本扮演好你可以接受的角色。

我让西蒙的故事继续，可贾森又一次发出很大的声响冲到了舞台上。

“西蒙，你的故事里有直升机吗？小松鼠有没有看到直升机？”在贾森的喧哗声中，西蒙几乎没办法听见我的话。

“没有……哦……有，他们看见了。他们听见它飞过，然后它降落在这里，就在这里。”

贾森放慢速度，然后停在指定的位置上。“噗——噗！我把引擎关掉了。”他说。贾森就这样有意地加入到了另一个孩子的故事里。为什么他现在有反应了？而之前在积木区时，西蒙要求他降落在跑道上时他却没有反应呢？

或许需要许多类似的经验，他才听得进去，又或者是因为成为听众后才感到安全吧！孩子们在指定的区域里会注意到某些想法，也比较容易通过其他同学的眼光看清自己的行为。不管怎么说，贾森今天已经听进去了！

第二天，我对贾森说：“当西蒙要你降落时，你关掉了引擎，现在你对故事已经全部了解了，你想说个故事吗？”

“我想。”

是我比较会处理吗？我想不是。其实这只是一种预感，预感通常也是教学的一部分。当一个孩子能听其他孩子说故事并给出回应时，也许他真的已经准备好对大家说他自己的故事了。

贾森马上就开始了。“有一架直升机，一架涡轮螺旋桨式飞机。它在飞。”他的第一个故事怎么可能还会有别的呢？一个孩子最初的尝试，很少有像贾森这样是可以被预想到的。从这个故事里，我渐渐看清那个被飞机场阻隔住的真正的贾森，这时最好不要自作聪明地去干涉他。我们必须允许他按照自己的愿望，沿着自己的方向前进。

在故事屋里，当我读贾森的故事时，他一直绕着屋里的地毯飞行，直到故事的最后。在他停住后，我问：“我在想，到底直升机有没有看见其他飞机？”

“有一个！”他说。

“哪个？”

“演小松鼠那个。”

西蒙站起来说：“他说的是我！我是飞机，对不对？”贾森点点头，然后西蒙模仿着直升机的引擎声，我们立刻就知道他是一架直升机了。他们两个把下巴向前探起，双手挥舞，组成编队一起飞起来。

在这项不稳固的校园社交历程中，并没有预写的剧本，但是贾森自己跨出了第一步，他带着鲜明的特征进入教室，而且让他的特征闪亮动人。直升机的隆隆声盖住了我们的话语，有时弄恼了或是惊吓到了它所经之处的孩子们。但是，贾森是可见的，他投射出了一个强有力的形象。他不愿意让自己在陌生的环境中被陌生人吞噬。

那些从来不会破坏、造成混乱的人也许是因为过分压抑了，除非他们多告诉我们一些心中的想法，否则他们可能听不到我们所说的话。有一种倾向认为，孩子们那些嘈杂的、重复的幻想是没有教育意义的，但是直升机、小猫、超人的披风、芭比娃娃都是说故事的助力，也是谈话时的工具。没有了它们，我们所听到的和与孩子所谈论的，会因为大人的观点而受到独断的限制。

如果西蒙没有他的松鼠洞，他现在还会是九月刚入学时那个哭哭啼啼的小男孩。他的幻想为他提供了一处安全的避风港，而且还激发了他一连串的打算与想法。

贾森明白伪装的重要，在他称呼西蒙的名字之前，他总是叫他“演小松鼠的那个人”。与幻想角色沟通，比直接与那些露骨的、混乱的、以成人为中心的现实角色沟通，要容易得多。

也许因为贾森的自我认同十分坚定，所以他开始问一些其他孩子不常问的问题。“为什么他是狮子？”他想弄清楚那个整天在故事中咆哮的名叫亚历克斯的男孩。

贾森甚至会把问题放到故事里。“飞机的螺旋桨在旋转，它绕着圈子上上下下的，那有一个演狮子的人。”可是当我们演他的故事时，他又会说故事里没有演狮子的人。“你弄错了。”贾森这么对我说。

“为什么她是妈妈？”他想知道关于达纳的事，在达纳的故事里，妈妈们总是有许多孩子。达纳为了说她最近的故事，带了八个布娃娃到学校来。

“我的故事里有个小婴儿，”贾森说，“是个小女孩。”我把她放进贾森的故事里，可是在故事屋里，他对此感到很意外，“萨拉不在我的故事里！”他大叫。这是他第一次提到他的妹妹。

第二天，凯蒂在故事里加进了怪兽，后来在操场上，贾森拽着我的胳膊轻声说：“我的故事里有一个怪兽。”不过怪兽并没有出现，贾森只是在玩味着怪兽这个词的概念，正如他怀疑自己是否敢于提及婴儿一样。

我很想知道小女孩和怪兽什么时候会出现在贾森的故事或游戏里。没有哪两个孩子会在想象与故事间引申出相同的联系。当然，在每个孩子之间，每一种学习都因人而异，不过没有一种行为会比说故事更能表现出孩子们的首创精神。即使当孩子们借用别人的想法时，他们仍保持各自独特的风格与象征，正如同他们的指纹互不相同一样。

凯蒂的怪兽一直留在贾森的心里，但是一旦他允许怪兽进入他的故事，故事将会变得很不一样。到了中午等人来接他回家的时候，贾森复述着凯蒂的有关怪兽的句子："然后我们看见怪兽在我们的房间里，我们看见怪兽在我们的房间里，我们看见怪兽。"

下面是凯蒂的故事：

从前有两个小女孩，有爸爸和妈妈，他们全都睡在同一张床上。然后他们想到了一只黑耳朵的怪兽，他们就披着衣服悄悄地挪到楼下。然后，我们看见怪兽在我们的房间里。

“悄悄地挪到楼下”是艾拉的说法。每年都会有某些话一再被提及、使用，然后在故事与戏剧里发展。记得约瑟夫那只悄悄地挪到楼下的鳄鱼吗？使用一种共同象征可以被视为一个明显的社会化表现，正如彼此同意分享积木与洋娃娃。

艾拉的“悄悄地挪到楼下”的故事在这一年里都会被引用。“从前有一个五岁的男孩，他被锁在他的房间里。”艾拉的故事是这么开始的。

“谁把他锁起来的？”西蒙问。

如果没了西蒙这样着急的提问，艾拉的故事就没那么大的冲击性了。像这样一个问题所产生的社交意味与情感的效果是不可低估的。很快，艾拉那个被锁起来的男孩与西蒙的问题，使贾森的戏剧发生了重大的变化。艾拉故事中紧接着的下一句话实际上是对西蒙提出的问题的回答。

> 他是被妈妈锁起来的，因为他不睡午觉。然后他悄悄地挪到楼下，因为他有钥匙，然后他看到了邋遢王。他跑到楼上把所有的门都锁了起来。从此就快乐地生活下去。

西蒙是第一个引用艾拉的句子的："那个小松鼠悄悄地挪到楼下，然后发现一个坏人，并且咬了他一口。然后松鼠爸爸发现小松鼠躺在街上。"当你悄悄地挪到楼下时，你发现了一个坏人。因为西蒙说的这个故事，一种联系被建立起来了。

"悄悄地挪到楼下"成了一个文学与文化的事件。当一个想法被借用的时候，我就会提醒大家注意这件事，然而创造一个象征符号却在我的能力范围之外。每一个群体都会选择他们自己言语上的特征。

"西蒙的故事里的一些东西让我想到了艾拉的故事。"我说。

"悄悄地挪到楼下！"孩子们大叫。

"我也要用这个！"佩蒂说，于是第二天太空飞鼠"悄悄地挪到楼下，在他看到了邋遢王之后，他从窗户飞走了"。

我们在班上每天至少会读两本书，并给想多听故事的孩子再另外找书读。教室里有三位老师，总是会有人可以来读故事书，然而，孩子们所采用的文学象征符号与习惯做法，最有可能在他们自己的故事里产生。

或许这是因为成人作者无法听见某个特定教室里的低语声，或许因为他们无法感受那种稍纵即逝的共同体验，更或许是因为他们无法感觉到突然间显露出来的喜悦或恐惧。一个局外人无法知道亚历克斯的狮子吼叫声，或是贾森的直升机引擎声是怎么回事，也无法了解一个孩子被自己妈妈锁在房间里之后悄悄地挪到楼下的感觉。事实上，这个观念出现在任何成人的故事里，会更令人觉得害怕。

同样，局外人也无法知道，莉莉现在都用吃饭、睡觉、刷牙等一些日常的事来结束她的许多故事。

> 有一个小女孩，有一个妈妈、爸爸、哥哥、小狗，他们都去睡觉了。他们醒来，吃早饭，然后吃午饭、吃晚饭。然后他们刷牙、睡觉。然后他们又醒来，吃早餐。说完了。

没有一个孩子因为她故事情节的单调而感到无聊，事实上，当莉莉挑选演员时，几乎所有的同学都举起了手，而她故事中体现出的安全而可靠的象征，会在那一年中不断地被别的孩子效仿。

孩子们会很快地领悟并阐释彼此的意象。在我们使用孩子们自己的语言和意象来帮助他们发展故事时，我们总能成功。

“这个不好。”贾森说。

“什么不好？”我问。

“这个东西在吃画。”

“‘吃画’是什么意思，贾森？”

“就是吃画。”

佩蒂看着贾森的纸说：“他在哪画，哪就在吃画。我的就没有，因为我没有用白色蜡笔。”

现在我了解贾森的意思了。用白色蜡笔在白纸上面画很难看清楚，白纸把涂的白色的蜡“吃”掉了，是纸“吃掉了画”。

“我画画遇到麻烦了。”贾森说。

“不要用白色的，”我建议他，“用别的颜色，那么纸就不会吃掉画了。”

“蓝色的纸不会吃掉画，”阿琳说着，给他一张蓝色纸，“把白色画在这张蓝色纸上。”

佩蒂抢过蓝色纸在贾森头上绕了几圈，然后让它落在直升机上。“看，它降落在这里了。”

“你画的白色的东西正在天上飞。”阿琳说。

“刚开始它像这样飞，呜——咻——”贾森说着在蓝纸上画了一些白色圆圈，“现在它飞得更高了！”

孩子们想到一个点子，就会玩起来，进行即兴创作，直到它产生意义，呈现出故事的雏形。如果不利用任何孩子们自己的意象，而想有效地对孩子们说明一件事，几乎是不可能的。如果纸会“吃掉画”，那么这就是一个故事起点了。

我经常为孩子们的世界和我的世界之间存在的距离感到诧异。在我看来，贾森似乎与其他孩子不同，不过很显然，那个不同的人是我，而不是贾森。他的想法映射出班上同学们的思想；他们的意象悄无声息地深入到他的游戏和言谈之中；他们对问题的解答时常会使他停下转动的螺旋桨，以便倾听。

打扫时间到了，贾森仍躲在积木区后面，“我出不去，”他说，“我被锁起来了，我是坏人。”

“谁把你锁起来的？”我问。

“是你。”

“我吗？”

“因为我没有睡午觉。”他用艾拉的想法代替坏掉的直升机螺旋桨来解释自己的行为，可惜我只顾着安排打扫的事而未能称赞他。

“贾森，我们现在需要你去打扫。”

“我被锁着呢。”

“你得出来，贾森。”

我的一味坚持又使他退回到了原来的那个保护伞下。“我的螺旋桨坏掉了，”他差点就要哭了，“我必须修理它们，难道你不知道吗？我被锁起来了，我已经告诉你了！”

“嗨，嗨，你能出来的。”约瑟夫嘟囔着说。他无法忍受在他停止玩耍之后，别人还继续玩。“贾森，这是钥匙，我找到的。看！我帮你把门打开了。”

贾森有点犹豫地走了出来，然后盯着已经开始拆除积木堆的约瑟夫。这些说故事的孩子所使用的这个解决办法很合逻辑。

当然，我们不能这么做，因为成年人之间不会去说故事。

但在我们还小的时候，进入到我们脑海中的那些儿童读物中的优秀诗歌和散文，却会一生都萦绕在我们的耳边。

阿琳经常引用罗伯特·麦克洛斯基[1]（Robert McCloskey）《让路给小鸭子》（*Make Way for Ducklings*）一书中鸭妈妈的话："不用担心！我知道怎样带孩子。"当娃娃角发生小小的争执的时候，阿琳就会这样说。而且她可能还会补充道："这看起来正好是孵小鸭的好地方。"

"有位安详的老太太正在小声地念叨着安静。"伊莱在猎人的帐篷里轻声地说。"嘘，嘘！一位安详的老太太正在小声地念叨着'安静，安静'。一位安详的老太太正在小声地念叨着安静。"这段话出自玛格丽特·怀兹·布朗[2]（Margaret Wise Brown）的《晚安月亮》（*Goodnight Moon*）一书，当伊莱独自坐在贴纸弓箭上时，上面的话触发了他的情绪。

孩子们对这些书中的对话一字不差地引用，使他们之间的关系更亲近了。孩子们知道，从大家喜欢的书中适当地引用来的话语具有某种力量，可以勾起他们共同拥有的特殊世

[1] 美国作家和儿童书籍插画家。
[2] 美国儿童书籍作家，四次凯迪克奖获得者。

界里的快乐记忆。另外，一个句子在这里引用是否合适也是由这群孩子决定的。

在两个活动交替时，莉莉和爱德华经常引用玛丽·荷·艾斯[1]（Marie Hall Ets）的《在森林里》（*In the Forest*）一书中的三句话，来作为新活动内容的开场白。“别走！我改天再来找你们玩。”“我们以前到处玩‘丢手绢’的游戏。”“我们的孩子一点也不会添麻烦！”

最后那句话是书中的两只袋鼠说的，而我发现自己用它来表示“抱歉打断你们了，不过我们将要上的音乐课会和你们在积木区玩的游戏一样有趣”。

西蒙每个星期最少有一次会在他的松鼠洞里暴跳出来，然后大声喊着：“克里斯托弗·罗宾[2]走了，蹦蹦蹦地跳，每次我礼貌地请他不要这样时，他总是说他没办法停下来。”西蒙使用这节A.A.米尔恩[3]（A.A.Milne）的童诗，引起那些听过的人的微笑，有时候他甚至还会引用接下去的诗句。“我们在亚历克斯生日时也这么做过。”

[1] 美国作家兼插画师，其所著作品多次获得凯迪克奖。
[2]A.A.米尔恩创作的角色。他出现在米尔恩的诗集和《小熊维尼》的故事中。
[3] 英国著名剧作家、小说家、童话作家和诗人。

只有在倾听孩子时才能够发现某些教室里的文化。当然，从大家熟悉的书中引用的句子，我们可以很快就识别出来，但是其他的关联性恐怕要经过表演以后，我们才能理解。

“我是一个绒毛。”阿琳讲述着她的故事。

“一片绒毛吗？”

“不，一个绒毛。”她什么也没多表示。不过当她的故事被演出来时，她说：“我需要一个爸爸。”然后，她把自己从爸爸的外套上吹出来。

孩子所给予自己的角色，无法用常理来解释，事实上，如果有谁认为他们演的角色需要加以解释或者说明的时候，孩子们会觉得很惊讶！“为什么你总是扮演孩子？”这个问题对孩子而言毫无意义，当贾森质疑为什么亚历克斯是狮子时，他想知道的是为什么亚历克斯“知道”自己是狮子，而不是亚历克斯为什么扮演狮子。

达纳在游戏时，是姐姐或保姆，可是在她的故事里她却总是个小宝宝。在积木区里爱德华是超人，不过在他的故事里他却变成被人杀死的坏蛋。当然，西蒙在任何可能的情况下都扮演小松鼠。

西蒙的母亲总在抱怨："什么？讲的又是松鼠的故事？"同时爱德华的母亲也担忧："你为什么每次都得被杀死呢？"

然而孩子们却都很赞成这些决定，对他们而言，角色被定型是他们比较喜欢的模式。当说故事的人需要有人扮演小松鼠时，他可以信赖西蒙；而爱德华每天例行的被杀害的仪式支持了一个想法：只要愿意，坏人也可以活过来变成好人。贾森希望变成直升机的欲望也被认为是合乎逻辑而且是有益的，孩子们喜欢知道谁是谁！

大人的观点不太能反映孩子所持的立场，然而一旦有与孩子相似的想法进入场景之中，它就会紧扣住观众[1]的心弦。

"各位小朋友，很抱歉，我不得不再批评一下打扫的事情，有的同学还没打扫就到图书室去了。"

"我们应该做个活板门。"约瑟夫说。

"好，让我们假装这里有个活板门。"我说。

"不，必须是真的门才可以。我来给你们做一个。"他拿了一张好大的图画纸，然后在上面画了一堆交错的线条与箭头。

[1] 指孩子。

“把上锁的部分画在这里。”亚历克斯指点道。

“我来画楼梯，或者是滑梯？”

“对呀！萨曼莎你画滑梯，然后坏人从这里滑下来。”

“我来画地牢，”爱德华说，“还有钥匙。”

孩子们把他们画好的画摆在图书室的地板上，然后约瑟夫说:“不管是谁，只要他没有参加扫除，就会掉进这个活板门里。”

没有一个孩子说:“那不是真的活板门。”当他们在表演约瑟夫的活板门故事时，都自发地产生了一个相信这个幻想的愿望。孩子们很快地完成收拾工作，然后再到负责打扫任务的约瑟夫那里报告。“约瑟夫，我刚刚滑到这里来，我擦了一张桌子，可以了吗？”

“我收了一百多块积木，我可以走了吗？”

每一个人的汇报都受到了约瑟夫的赞许。“我捡了一张纸”和“我抬了十六块木板”一样受到了表扬。其实我们并没有一百多块积木，也没有十六块木板，但这都没关系。孩子们接管了一个成人的问题，而且找到了解决的办法。它也许会是个假的解决方法，是只存在一天的奇迹，不过一天就是一个完整的世界了，明天又将会是个新的故事。

所有人都聚集在故事屋，准备要表演他们的故事。“孩子们跟我来，”我说，“尽管你们已经开了一个好头儿，但打扫工作还没完成。”

孩子们跟在我后面，当我逐个交代具体的工作时，他们好奇地看看四周。我们并没有争论，是时候让他们知道需要得到老师的真实认可了。

回到故事屋时，爱德华对约瑟夫说：“因为这个活板门，我们收拾得多棒啊！”

“是呀！干得真不错。嘿，贾森，你错过了一项很棒的工作，你知道吗？”贾森既没有参加假装的游戏，更没有真的参与收拾。“我的螺旋桨坏了，”他说，“我现在得去修理。”

每当我想起孩子们的差异性，我的教学情绪就会高涨起来。如果没有孩子们各自的独特性，教学工作对我来说就只是一项无趣、重复的工作而已。每天当孩子们回家以后，我和我的助教们会很快地收拾干净，以便腾出时间将我们每天的发现进行比较。盖尔和特里什没等我就开始了。

“你有没有看到阿琳在玩弹珠游戏的时候数弹珠？她会略过蓝色的弹珠，因为‘它们喜欢自己数自己’。”

“贾森对颜色的掌握呢？我很确定他知道所有的颜色，可是当我问他为什么把每架直升机都画成紫色时，他却告诉我那是黄绿色。”

“约瑟夫也一样令人搞不懂。”我插了一嘴，“你们知道我想出的那个箭头标志的游戏吗？每当我把它放在桌上时，约瑟夫就会跑过来说：‘我早就知道这个了，你不必教我怎么玩。’当然，他错过了游戏的要领，直到他看过阿琳和萨曼莎玩了两次以后他才知道是怎么回事。”

“有件事情你没看到，吃过点心后，贾森把那个游戏拿到了他的飞机场，把那些箭头标志当作螺旋桨。”

“嗯！有意思。你们知道,他根本不愿意让我教他怎么玩。”

我们总是谈论一些让人意外的惊奇，而很少提及理所当然的事。我们想讨论我们不明白的事，以及那些没有按照期望发生的事。虽然就教学来说，我的助教们是新手，但是他们却告诉了我一个对教学很有用的方法：我们今天发现了哪些昨天所不知道的，而且是我们还没有答案的事。

盖尔和特里什的口袋里总是装满了他们记下的“好”事情的小纸条，这些事情指出了我们误解了的地方以及这些误解是如何产生的。

“还记得爱德华的故事里，有个高个子的男人不停地摇晃吗？你认为爱德华指的是那个人坐在一把摇椅上？”盖尔问我。

“他不是这个意思吗？”

“不是，他的意思是说钻到岩石下面，从陷阱里逃出来。”

“你是怎么知道的？”

“我听到他在积木区对伊莱说——等一下，让我找找，哦，在这里，他说：‘假装你在摇晃，然后你在石头底下摇晃，然后你一直摇，一直摇，然后石头会碎成一片一片的，然后你从陷阱里逃出来。’”

特里什点点头说：“盖尔说得没错，薇薇安，你知道吗，你的话语使他脱离了原有的思路，这使他怀疑自己的语言能力了。他知道他说的不是摇椅，但你又非常确定摇晃与椅子有关，以至于当他表演这段话时，他忘记自己为什么在晃动着锤子了。”

“我到底说了些什么？”

“你好像说的是‘那是一种不同类型的摇椅吗？’”

回家后，我重放录音带，找到我当时向爱德华提的那个问题：“山上有摇椅吗？”在我提了这个问题之后，爱德华便停止了晃动锤子，他看起来很困惑。然后他用跌倒来掩饰他的困惑。

第二天，我对爱德华说：“泰勒太太告诉我说，我把你的故事弄错了，然后我又重听录音带，我发现她说得没错，我犯了一个大错。”

“什么错？”

“你当时说摇呀摇，我还以为你是说一张摇椅。”

他笑一笑说：“你为什么会这么认为？”

“也许是我听得不仔细，看得不清楚，因为那时候你正在用锤子敲东西。”

“我在把岩石敲碎，那时我们被困在陷阱里了。”

“现在我明白了，爱德华，‘摇晃’是岩石被敲打时发生的。”

课堂上并没有太多时间去研究词语和它们的意义。孩子们懂得，弄清楚我们在做些什么、说些什么、读些什么、演些什么也很重要。每件事都应该有意义，如果没有的话，就要提问题，重新审视一次，找出意义不清楚的原因。会产生误解的可能性和范围非常惊人，这对我们来说不也是很幸运的一件事吗？这表示说，我们应该永远会有很棒的课程教材，永远会有问题可问。我们只需要为自己的错误去认真聆听，那就会有足够的教材可供整个学年使用了。

放学后，我对我的助教说："我对爱德华说，关于摇椅，我犯了一个错。"

"他怎么说？"特里什问。

"他笑了。他知道我弄错了。我猜他只是不知道那时在那种场合下该如何纠正我。所以他就傻傻地跌倒了……对了，盖尔，你有没有把所有的故事都记下来？"

"我只记了那些我想讨论的东西而已。"她说。

"对我来说，记录有另一种功能，"我说，"如果不把故事写下来，我就无法发现它真正的意思。光讨论是不够的。"

“你的故事里有直升机吗？”这是贾森在说话，他让我吃了一惊。这个问题是贾森问阿琳的，那时候阿琳正开始述说一个关于小女孩、妈妈和鳄鱼的故事。

“故事里有没有直升机？”贾森又问了一遍。他靠着桌子坐在我们对面，然后在他面前的一大堆纸上画直升机。每当画完一张，他就会把它放在头顶上绕一圈，然后让它落在那摞纸上。现在他正把一张画平平地举过头顶，然后又问了第三次：“你的故事里有没有直升机？”

“那会不会太吵了？”阿琳终于有了反应。她看起来似乎和我一样惊讶。贾森借用了我最近几天用来询问他的句子，可是他却以完全独特的方式来解决这个冲突。他绕过桌子走过来，然后把画扔在阿琳的故事的场景中，说：“它已经在准备降落，我已经把发动机关掉了。”

贾森已经用自己的方式把他的象征给了另一个孩子，并根据阿琳的观点来使用它。除此之外，他还发明了一个新点子，在此之前，这个班上没有人曾为别人的故事画出角色来。这个想法可能会受到欢迎，也可能只是昙花一现的文艺创作。

孩子们会判断它是否有用。

阿琳真的决定在故事中用那张直升机的画，而且当它降落在“窗户外面”时，她让贾森举着它。

“直升机悄悄地挪到楼下，”贾森说，“然后它降落了。”

是贾森的想象力正在悄悄地挪到楼下，一直来到孩子们待的地方，一句一句地，一个故事接一个故事地，最后降到全班同学所铺设好的跑道上。

然而，你不能指望一个想成为直升机的男孩会像发明活板门和魔法钥匙的孩子那样旋转他的螺旋桨。活板门和钥匙可以将人抓住然后再放了，而转动螺旋桨通常会使人远离。除此之外，描述一幅图和借用一句话要比与人保持友谊容易得多。

第二天，贾森又回到原样了。他也许觉得自己向外发展得太快，在还没有确定足够的地域之前就先失去领土了。

“我想、我一直都想当一架直升机，可是你总说不行。”他生气地对我抱怨。

“我没有告诉过你不要做一架直升机，贾森。西蒙让你到他的松鼠洞里，因为你没回答，所以我以为你没听见。”

“因为那个当松鼠的家伙在窗子外面。”贾森大叫。

西蒙花了些时间才明白贾森的意思。“我没有在外面，你胡说！”现在换成西蒙生气了。贾森似乎有些意外，没想到他随口说说的话会有那么强烈的反应。

“那个当松鼠的人是在外面。”贾森又说了一遍，他红着脸，勉强挤出一丝笑容。

“我讨厌你！贾森。你再也不是我的朋友了。”西蒙哭了起来，贾森赶紧转身跑开：“我的螺旋桨坏掉了。”

“我很抱歉贾森把你弄哭了，西蒙。”我一边说着一边给他拿纸巾，“也许他不知道他那样说会让你很在意。”

“才不是！他知道我很在意。我过生日不要请他来！”西蒙的心情放松下来，最后威胁道。不过贾森并没有弄清楚这句话的意义。

或者他已经弄清楚了，那天他的故事里反映出了一种不同的情绪，他对自己的目的感到困惑。

我的故事里有一架不存在的直升机，一架不存在的直升机，它是一架不存在的飞机。我的直升机在我的故事里面，它飞到天上，然后坠毁。这架直升机，坠毁了。然后我把它修好了。一个没有飞机的故事。

贾森不允许他的直升机过多地融入到其他故事中，随后在故事屋里，当我错误地称赞他能与其他孩子合作时，他一针见血地提醒了我：我不能认为这是理所应当的。

那时我已经开始念亚历克斯的故事：“这个故事是关于一只狮子、一只猴子和两个坏蛋……”

“呜……呜……！”

“贾森，停下来，故事里没有直升机。”我接下去说，“然后那只狮子到……”

“噗……噗……”

“亚历克斯，你的故事里有直升机吗？”

“没有。”

“呜……”

“贾森，你现在一定要停下来！”

贾森跑向窗户:“有呀！我听见了，它在故事里，有一架直升机，一架直升机！”

“不！你不要瞎说。”

“哦——哦——看！”

“不，这是我的故事，贾森！”

“螺旋桨开始转了。”

亚历克斯跑过去轻轻推了贾森一把。“等等，亚历克斯，”我说，“我们继续说故事，贾森现在太兴奋了，很难让他停下来。算了，当他准备好了就会停下来。我会大声念，好吗？”

我们总算把故事说完了，孩子们并不像我一样会被贾森的突发状况干扰。事实上，在亚历克斯开始生气之后，孩子们似乎对说的故事和贾森有意打断故事同样感兴趣。

孩子们比我有更多既安全又聪明的方式来面对挫折。那天上午快结束时，我在清洗颜料瓶，特里什和盖尔在操场上陪其他小孩，亚历克斯和阿琳把贾森“炸得体无完肤”。

他们一起在沙桌前密谋他的“死亡”。我在收脏瓶子时听到了那些幻想的前面部分，录音机则替我记下了令我惊讶的结局：贾森会转世投胎变成他们的小孩。

阿琳：五分钟之内这张纸巾会变得有魔法，我把它弄湿了。五分钟到了吗？

亚历克斯：是我和西蒙弄的那种魔法吗？我们先把纸的一部分埋在沙里，等完全埋进去后，法术会帮我们把它变成有魔法的。

阿琳：用它去炸掉人吗？

亚历克斯：炸掉贾森。把他炸到天空，因为他总是捣乱，即使只有我一个人在故事屋也一样。

阿琳：纸在沙子里了，他会被炸掉吗？

亚历克斯：他会被炸成碎片。

阿琳：把整个世界炸成碎片。

亚历克斯：来，我们把沙箱抬起来，帮我一下。超人会把整个学校抬起来，然后我们会全部掉到河里。

阿琳：我们两个不会对不对？其他人都会。我们的爸爸妈妈不会。只有贾森会。

亚历克斯：约瑟夫也会，佩蒂也会。西蒙不会。他们在直升机里被炸得碎碎的。把他们放在这里，这是直升机。

阿琳：希望他们变成炸薯条，然后我们把他们吃掉。不过萨曼莎和凯蒂不会。

亚历克斯：我等不及了。我们先把贾森炸弹。

阿琳：然后再修理他是不是？然后他会是我们的宝宝，我们的新宝宝。

亚历克斯：好呀！然后我就是超人爸爸，你是超人妈妈。

幻想游戏用来维持心理平衡与稳定的能力永远超乎我们的预期。第二天，当我把上述这段记录读给特里什和盖尔听时，强调的就是这个观点。

“没有录音机，你就无法知道这个故事可爱的结局。”特里什说。

“我敢打赌，有更多活泼、乐观的结局是我们没有机会听见的，”我说，“因此当我们表明我们的判断时，应该更谨慎。”

“既然谈到判断，为什么昨天你让贾森打断所有的故事？”

“我没有让他这么做。我只是阻止不了他。孩子们都看见了，他们知道我并不愿意只为了证明我的权力而使自己变得讨人厌。”

“不过，万一别的孩子也开始学着做类似的事呢？”盖尔问，“我担心这种情形。”

“他们不会。总是会有个孩子必须打断故事，而且他确实会这么做。其他孩子则只是观望，他们特别想看老师是如何对待那个不安分的孩子，看看这个孩子是否会受到伤害。这就是他们想知道的。”

特里什和盖尔看起来有些疑惑，于是我说：“没关系，当你们自己带一个班的时候就会明白这些事情，但对我而言，在故事屋，贾森的行为的确令人烦恼，可是却不会造成伤害。不过，如果我强行处理——例如把他与集体隔离，或用其他方法处罚他，这才会对所有人造成伤害。因为如此一来，我就必须承认我对用理性与善意解决问题缺乏信心，当然这也许不会在当时就发生，但是最后一定会发生。”

“有时候这并非是善意所能解决的那类问题。”特里什说。

“比如说？”

“嗯——难道没有人把贾森的行为称为‘持续言语[1]’（perseveration）吗？”

---

[1] 指言语反复不止的病态。患者单调地重复某一概念，或对于某些不同的问题，总是用第一次回答的话来回答，思维联想在某一概念上停滞不前。

“我无法告诉你是否有人会用这个标签来说贾森。”我回答，“不过，我想说，你们看，‘持续言语’和‘坚持不懈’（persevere）是多么接近，只是一个是一种病征，另一个则含有力量与自主的意思。”

盖尔已经在查字典了。“看这里，”她说，“‘持续言语：特别渴望地，或超乎寻常地持续追求某些事物。’然后，‘坚持不懈：保持在某种状态、企图；或者是无视权势与挫折的打击，持续从事某些事。’”

特里什看起来忧心忡忡。她说：“那么，这只是语义上的问题？我所学过的那些词语，会不会都是随意地——嗯，编造出来的呢？我的意思是，难道这些问题不会影响孩子们的成长吗？”

“特里什，你听我说，我要承认我对你列举的所谓的学习障碍不怎么赞同；然而，无论如何，那些标签都无法适用于一个将孩子视为说故事的人的教室。这些标签无法描述想象力，说故事的人总是处于优势位置，通过故事为人们所了解，使孩子们处于最利于自己成长的状态。”

特里什跳了起来说：“这当然！我当然明白你的意思。一个说故事的人怎么可能会太快或太慢呢？”

盖尔笑了起来，她说：“而且这些孩子并非马厩里的赛马，我们并不是要训练他们跑得快或慢。”

“正是如此，”我补充说，“老师们可以把快、慢这两个字放在一边。”

“太好了！又多了一件我不必操心的事了。”特里什这么说，脸上绽放出灿烂的笑容。

沙桌旁的幻想也许已经让亚力克斯感到很满足，可是显然，关于贾森，他还需要一份永久性的文字表述。第二天早晨，他说了这样一个故事：

从前，狮子们有了一只小狮子。有一天晚上小狮子哭了，因为有什么东西在打扰小狮子睡觉。后来他听到外面有什么动静，原来是一架直升机，所以小狮子睡不着。现在他们有一条新规定：直升机晚上不准来。故事说完了。

在故事屋，我说：“贾森，亚历克斯的故事里有些东西我必须让你知道。我知道你不会读，不过我会指着那些字，告诉你那些字是什么意思。”

贾森很快就过来了，这是他从老师那儿学来的新行为。“在这里，你看我手指指的地方，它说：‘他们有一条新规定：直升机晚上不准来。’”

“再指给我看一遍。”贾森说。

“我也要看。”几个孩子大叫，于是我叫亚历克斯拿着他的纸轮流给大家看。他把这张纸举到每个孩子的面前，然后假装读那段话：“直升机晚上不准来。故事说完了。”

我收回亚历克斯的那页故事，然后把它放到我腿前的那一沓写满故事的纸上。“现在我们先来演贾森的故事。”我说，然后他跌跌撞撞地走到地毯中间。

“我的飞机要坠毁了，所以不会再吵醒小狮子。”他对我说。然后在我读他的故事之前，他又重复了整个故事：“我的直升机有一些 Y 形和 X 形的螺旋桨。”他一边用手指和胳膊给我们比画出字母的形状，一边用最快的速度奔跑，大声喊叫着“坠毁啦！”然后直挺挺地躺在地毯上。然后他又回到他的座位上，并且不再打断接下来的故事，只是有几次跑来看亚历克斯的规则。

第二天早晨，贾森用手指指着纸的最底端说："这是我的规则。"

"这条规则说什么？"

"一架直升机。"

"关于直升机的规则吗？"

"这条规则是一架直升机。"

我在离纸张底边一英寸[1]的右下角写下这个词。"把我的另一条规则写在这里。"他用手指着纸的中间部分。

"这是什么规则？"

"直升机。"

"你想不想在这儿画一架直升机而不用我来写？"

"画不是规则。一条写在这里，一条写在这里，还有这里。"贾森又指定了另外六个"规则"的地方。然后他就在纸上开起了飞机，启动引擎后，他让飞机触碰了每个词。"贾森在干什么？"约瑟夫问，同时轻轻推了一下贾森放在桌上的直升机。

[1] 约等于 2.54 厘米。

“老师，为什么贾森的故事会那样？”

我还没来得及回答，贾森便一边抱怨，一边用力拉住约瑟夫的手说：“别摸我的直升机！”

“嗯——”约瑟夫轻声地哼了一下，“嗯——就看一下。”慢慢地他开始转动螺旋桨，我有点担心地看着。贾森不准任何人碰他的直升机的！

“嗯——噗——咻——！去飞吧！嗯——”

“它坏了，我要修理它。”贾森哭着说，然后把约瑟夫推开。

“可以让我看看吗？”约瑟夫轻声地问，“它还会动吗？”

贾森放松了下来，说：“它现在不会动，我没给它加油。”

“噗——咻，嗯——汽油来了，可爱的直升机。”约瑟夫接着说，手仍放在飞机上，假装在瞄准加油孔。“轮子在哪里？”

“在这底下。”贾森说。当约瑟夫不停地动他的直升机时，他看起来好像在抑制着自己的尖叫声。

“嗯——贾森，你要不要一起到我家去？你飞到那，嗯——噗——咻，噗咻，飞到这，噗咻，噗咻，现在你慢下来了，嗯——降落了。”这是一首直升机催眠曲，桌旁的每个人都静静地看着，那个时刻很平静、很祥和、很亲切。

“喂！约瑟夫，过来！”亚历克斯大叫，“你看我拿着什么！”

“贾森，我得走了，直升机还给你。”

贾森凝视着约瑟夫，直到他消失在蛇洞后面。然后贾森回到他那写满了规则的故事纸上。“还有，最后，这里，它降落的地方。”

“贾森，我想我知道你的故事在说什么，你会降落在每一个写着直升机的地方，是不是？”

“那是规则。”他声明。

“你的规则是，只要写着直升机的地方，你就会降落。你会降落在纸上还是地毯上？”

“在规则上。”他抢走他的直升机故事，然后冲到他的飞机场，接着说：“约瑟夫，不要摸我的直升机。你会摸它吗？”

“我不会。”

贾森和他的直升机是很有趣的一对，尽管他知道自己是贾森，与直升机不同，但是在他焦虑的时候，特别是周围有许多人的时候，他就会混淆两者的界限。当他在表演自己的故事，扮演一架直升机时，要区别这两者并没有问题；但是当他的同学在舞台上表演不断变化的故事时，他却觉得很困惑，因为他们在积木区很少这样做，积木区那有形的结构将他和其他孩子的幻想隔开了。

因此，故事屋与积木区的差别似乎是领域上的问题。一旦他的故事被演出来，他就再也无法看到、摸到或保卫自己的降落地点。也许这就是为什么他决定让直升机降落在纸上，然后再随身带着写有故事的纸。

我不想费心去猜测到底直升机对他来说代表什么，我的工作是要弄清楚，直升机这一象征物到底如何能让他在教室里有安全感。

同时，我们一起讨论当时发生的问题，希望找到解决的方法。我说出我所想的，孩子们说他们所想的。而我们对贾森所想的也很感兴趣，这成了解决问题的一个好的替代方法。

我们不可能将每个孩子的根本问题全部找出来，或是为他们创造一个绝对安全的环境；我们做的只是不断地示范寻求解决办法的过程。而在这一过程中，贾森变成了我们的老师。

“贾森，有时候还没轮到你，可你还是会跑到舞台上。”

“我的螺旋桨在转。”

“可是，看起来你的螺旋桨在故事屋转的比在积木区还多！”

“因为他在那里造了一座可以降落的飞机场。”萨曼莎说。

“是这个理由吗？”我问道。

“是！的确是这个理由。”约瑟夫肯定地说。

“你难过是因为这里没有可以降落的飞机场吗？可以一直停下来的机场？”

贾森听到这个问题有点惊讶，约瑟夫却打破他的沉默表示同意，他说：“你看，我告诉过你了。他难过是因为这里没有机场。他的直升机需要机场。”

“约瑟夫说得对吗，贾森？如果你在这里有机场，你的直升机是不是就会停下来呢？小朋友们认为会。”

“会啊！”他满脸疑惑地回答道，显然他并没有弄清楚大家讨论的结果。

“问题是，”我提醒大家，“这个角落很小，我们早就规定不可以把积木搬进来。”

“让他盖小一点的机场。”阿琳说，“用两块积木就好了。”

“我要，”贾森满脸期待地说，“两块积木就好。”

“让他盖嘛！”

“盖机场，贾森，盖机场！”孩子们高兴地跳上跳下。教室里很少有这么令人振奋的经历，以前有过一次，是我们帮一位同学逃离活板门。

现在贾森每天带两块大积木到故事屋，盖一个“直升机场”，这是爱德华建议改的名称。

“贾森，叫它直升机场。”

“飞机场。”

“不对，贾森，正确的说法是直升机场。”

“直升机场。”

“对！你现在懂了。”爱德华用手重重地在贾森背上拍了一下。

贾森不喜欢别的孩子碰他，不过带着新的叫法，他接受了这一下友善的拍打，向前跨进了一大步。实际上，贾森以前就用过“直升机场”这个词，但他此时之所以会采用这个词，很显然是为了让爱德华开心。

事实上，贾森现在比较注意听别的孩子在演故事时用的词，虽然那些全都是他知道的词，但是现在在一个新的场合下再次听到，对他来说它们具有更深的意义。在这种情形下，他的反应能力每天都在增强，早已经超过例行的直升机修理工作了。

“叫它龙卷风。”亚历克斯告诉西蒙，“我是超人，你是超人龙卷风。”

“不，我是一只变成超人龙卷风的松鼠。”

两个男孩在距离贾森的直升机场三英尺[1]左右的地方堆积木。“别碰我的直升机场。”贾森一连说了三次。“别在这里刮龙卷风。”他补充道。

“这是一座冰城堡，它不会碰任何东西，也不会杀掉你。西蒙，你知道吗？超人不需要门。他飞上去，对不对？”

“小心，水里有鲨鱼。”

“鲨鱼不吃超人。”

[1] 一英尺等于 12 英寸，约为 0.3 米。

萨曼莎跑过来:“看!你们看,我有一只兔子,我想变成什么就变成什么。”

“我们在玩超人的游戏呢。”

“那又怎么样?我是希瑞,嗨,贾森,我的城堡需要积木。”

“我正在用,”他大叫,“这是我的龙卷风积木。”

“只要给我一块,我就当你的朋友,好不好?”

“好。”贾森回答。

“谢谢你,龙卷风积木先生。”萨曼莎也没拿出什么行动来证明她是个朋友,不过贾森却饶有兴趣地看着她。这可能是教室里第一次有人对他说出这样有魔力的话:“我当你的朋友。”

“不要把水晶城堡盖在这里,萨曼莎。”亚历克斯说,“我们在玩‘黑暗边缘’的游戏,他会杀死你。”说着用手做出开枪的姿势,对准了梅卡,梅卡刚刚拿了一些枕头和毯子过来,准备和萨曼莎一起盖水晶城堡。

“等等,她是神奇女侠!”萨曼莎大喊,“你不能打神奇女侠。”

“那又怎么样?你们被捕了。我们快走,兄弟,西边有麻烦了。”男孩们爬出冰城堡，跑到小房间。

“不要跑。”我边看故事边说，他们慢了下来，快步行走，直到离开我的视线。

贾森坐在桌子旁对我说：“你不能打神奇女侠。”

“因为她是好人吗？”

“我不知道。”

“我们问萨曼莎，萨曼莎，为什么不能打神奇女侠？”

“因为她有魔力，没人能杀死她。”

“贾森，”我问，“你知道有什么东西是有魔力的吗？”

“不知道，”他转着螺旋桨说，“龙卷风有魔力。”

“约瑟夫玩的那个吗？”

“我的龙卷风积木。我做了一块龙卷风积木，一块龙卷风积木。它还在我的飞机场里，龙卷风飞机场。”

我在贾森的由词语构成的成长记录簿上写下了“龙卷风”这三个字。

“我需要东西来剪这个！”贾森说。

“这里有把剪刀，你要剪什么？”

“要我命的东西。”

“你管它叫什么？”

“那个要我命的东西。”他剪了一个长条，“这就是我要剪的东西。”

“那不过是直升机的桨叶，贾森。”凯蒂说着，在图画纸上乱涂，她要让图上的狼被烟熏出来，熏到烟囱外。她才说过她的另一个三只小猪的故事，故事里狼把房子吹倒了，猪妈妈又把房子盖好。

“这是要我命的东西。”贾森又说。

“你是不是想起了约瑟夫‘开枪’打人的事呢？”

“我在想一条隧道，可以停大飞机的隧道。”他拿来一大块圆拱形积木，把它放在故事纸上，说：“这就是我的故事。”

“如果隧道在纸上我就没办法写字了。你可不可以把它挪开？”

“它没办法移动。”

“把它拿高一些，等我写完，再把它放下来。”

他举起隧道的高度恰好只容许我写字。“一架大飞机，好大一架飞机，你无法相信。”现在他拿着我的笔，横过纸画了一条长长的线。“喷射机的烟。哦！这个要我命的东西变成桨叶，往那去，桨叶，到隧道里去。”

贾森沉浸在他的故事里，当然，我想让每个故事都被演出来，可是贾森却在纸上演他的故事。他会利用故事屋来表演他无法直观想象的场景。

“我正忙着战斗，啪——咔，叫别人也这样。”

“你想要有人倒下来，然后啪——咔，是吗？”

“他想要一个坏人。”约瑟夫解释，“像我故事里的坏人一样，倒下来死掉。”

“是这样吗，贾森？”他点点头又跌倒一次：“啪——咔。”

“是你吗？你是坏人吗？”

贾森一直在跌倒，每一次都会跌得更重。“停下来，贾森，你的故事说完了。不要这样撞你的头。”

“我要一直撞。”他说。

“这不是个好办法，你的额头慢慢肿起来了。”我拉起他的手，带他回到座位，接着说：“轮到凯蒂说故事了，贾森，来，坐在直升机场上。”

牢房大门关起来的影像突然间闪过我的眼前，是我为了包容贾森所以鼓励在故事屋里盖直升机场吗？如果是的话，那么这个解决办法将无法长久。也许现在他认为自己是个坏人，因为他被墙给围住了。

凯蒂跳进舞台，说："没有直升机！没有人跌倒！什么都没有，贾森，如果我不说的话，什么都没有。"

他又跌了最后一跤，撞在他的直升机场墙上，不过，他很快把墙扶正，然后对自己说："有东西会要我的命。"

凯蒂绕着贾森一直跳，双手不停地挥舞，贾森的行为令她兴奋，我很快地读完故事："……然后狼把房子吹倒了。"

"等一下，他又吹倒一次，"她尖声大叫，"约瑟夫不停地把它吹倒，我不停地跌倒，然后把房子盖回来，然后你又把它吹倒，然后……"她有些过度兴奋，约瑟夫也加入到了她的行列里，在房间里跌跌撞撞。"造个烟囱！把锅拿来！"

贾森是否意识到是他的行为导致了这一幕呢？他任性地跌倒、跳起的行为，诱使凯蒂产生狼吹倒房子，猪妈妈重建房子的重复意象。凯蒂像是一位理智、自控力强的妈妈，看清楚了贾森行为里的逻辑，然后把它应用在自己的故事里。

孩子们又一次向我解释了贾森的行为，他们发现贾森的古怪可以理解，并非真的那么奇怪。如果转动螺旋桨、修理螺旋桨或跌倒是你行为的一部分，那有什么不对劲呢？无论什么时候你都应该尽可能地引人注目，而孩子们用他们的行为证明了这一点。

进一步来说，同样是这些孩子，他们虽然激烈地争论如何公平地分配积木、饼干及粉红色颜料，却也会维护一个同学展现特殊性格以及提出不合宜要求的权利。孩子们的公平并不仅仅局限于一致性，他们希望有公平的机会来要求得到特别的待遇。贾森打断别人的故事是不公平的，可是他是唯一有权在故事屋建造直升机场的人。

成人反对的理由是：万一每个人都决定要变成直升机，盖直升机场，那怎么办？不过孩子们知道这绝对不会发生。教室里不需要两架直升机。的确，或许会有一群直升机出现，但很快它们就会消失，只留下一架真正的直升机。

“为什么你总是带一架直升机？”最早的时候孩子们这么问贾森。

“螺旋桨坏掉了，我得修理它。”大家都认为这是一个很合理的答案，除了我之外。现在我更清楚自己的角色了：发现贾森有哪些反应是孩子们认为合理的，同时观察我们的反应有哪些对贾森来说是合乎逻辑的。

“有人躲在我的飞机场里。”贾森指着西蒙说。

“没有，我没有进去。”

“西蒙在我的飞机场里。”

“你说谎，你这个傻瓜。”

“西蒙在我的飞机场里。”

“不要说我的名字！老师，叫他不要说！”

“贾森，西蒙不想让你假装他躲在你的飞机场里。你想要他进去吗？真的进去？”

“不要。”

贾森并不讲理，所以孩子们拒绝接纳他。没有人想进去他的房子，也没有人愿意假装躲在那里。贾森到底是试图邀请西蒙呢？还是他只是在逗西蒙？

“贾森，要我帮你找人表演躲在你的飞机场里吗？我可以那么做，你知道的。有一次我帮西蒙找到一只松鼠妈妈，记得吗，西蒙？”

“我不要松鼠妈妈。”贾森说。

“那你要什么？”

“一个躲在飞机场里的人。”

“好。大家听着，贾森要找一个躲在他飞机场里的人。谁要当那个人？”

“得让我当妈妈我才要。”萨曼莎说。

“那是直升机的房子。”

“我当妈妈，你当宝宝。”

“不要。”

“我是希瑞，你是直升机。”

“好。”

萨曼莎很小心地进去，然后坐在贾森旁边，这时贾森说：“我的螺旋桨坏了，我正在修理它们。”

“我们要铺床了，我去拿枕头，留点地方给我。”

贾森用一只手帮萨曼莎占位置，然后在直升机的螺旋桨上吹气。“转呀！转呀！嗡——呜——转得不好，把房子撞倒，把房子撞倒。”

萨曼莎回来时带着睡觉的东西，然后说：“躺好，小直升机。”她尽可能温柔地假装贾森是个小宝宝。

“把房子撞倒！”

“嘘！小直升机！”如果萨曼莎是要哄骗贾森当小宝宝的话，那她并不比贾森试图让西蒙扮演藏在飞机场的人做得逊色，只是她使用了一定的策略。当你无法轻易进入游戏状况时，那就表示还有许多该学习的东西。

贾森并不了解别的孩子在玩些什么，但他们似乎知道贾森在玩些什么。幸运的是，他不断重复他错误的概念，而且持续地表现出来，因此我们能够发现并作出反应。

有一架直升机，它的螺旋桨不能很好地旋转。然后有东西一直在吹，它把飞机吹到一个好地方。故事完了。

“贾森，直升机怎么了？为什么它不能很好地旋转？”

“因为……空中有太多太多人。”

“哦！天空太挤了。对了，贾森，你以前会不会认为那些积木太挤了？”

“不会。”

“因为你一直说‘把房子撞倒’，所以我想问问你。”

“因为直升机不转。”

“你会不会因为萨曼莎当妈妈而觉得担心？”

“然后直升机无法转得很好。”

“不管怎样，我很高兴你让萨曼莎参加。”

“为什么？”

“因为这样让她很开心，这就是原因。”

很快，我又找到更多令我感到高兴的理由，因为，经由这段“母子”的小插曲，萨曼莎开始全心全意地要求贾森当她的宝宝，这件事比整个学年里的其他任何事件都更有效地引导贾森离开直升机的家，进入教室的社交生活。萨曼莎下定决心要贾森当她的宝宝，完全不在乎他的抗议与一贯的反应，最后她成功了。这并不是说在贾森的事件当中，萨曼莎是有决定权的人，而是说，一个想当直升机的男孩，在充分控制自己交通工具的情形下，加入了我们的行列。

伊莱有一种新的选择角色的办法。“穿蓝裤子的人。”他看着爱德华说。“身上有红条纹的人。”于是穿着条纹衬衫的佩蒂走上前来。

孩子们检视自己的服装，渴望被叫到。他们喜欢自己发明的新规则。有一次，我更改了一首民谣歌曲里的歌词，随着新的歌词，穿着指定颜色衣服的孩子要绕着教室跳，但这引起了孩子们的不满。我的规则似乎太排外了。“别担心，我会叫到所有的颜色。”我这么唱，可是我的计划并没有带来预期的快乐。

伊莱用颜色区分的方法很受欢迎，孩子们很感兴趣，没有引起焦虑情绪。轮到文尼时，她使用鞋子来分类。“曾经穿过米妮老鼠鞋的人当妹妹。”每个人都看着凯蒂，她的米妮球鞋是出了名的，凯蒂绕着教室跳跃，像个有任务在身的演员。

孩子们自发的这种关于分类的课程给我留下了深刻的印象，我想扩大这个活动，可是这个想法却没有再出现。它是个“一日新鲜事”，与说故事、演故事没有多少关系。孩子们一般不会像我一样引入不合逻辑的推论，而能够成为持续一整年的“活动”一定是与故事本身相关的。

例如，萨曼莎现在会在故事开始前说好几次“从前”，她的想法立即得到了孩子们的赞同，于是“从前”的使用次数增加了许多。亚历克斯想重复九次，因为通常每个说故事的人只能使用一页纸，所以我告诉他这样做将会占去一整页纸，剩下的地方只够写：“有一只狮子，然后他看见一个坏人。”

“我们该怎么办？”我问大家，“有些人一直说‘从前’，结果剩下的地方就很难写下整个故事了。”

“定一条规则，只能说一次。”阿琳提议，她总是第一个建议限制别人，却往往坚持自己应该有充分的自由。

“不行，这是我的想法。”萨曼莎争辩。

“把它写得小小的。”达纳说。

“不，说快一点。”约瑟夫说完就很快地说了一串“从前”，上气不接下气。

“这些都是好主意，这样好不好，如果有人要我全部写下来，我就写很小很小的字，或者是我们很快地说，但我只写一次‘从前’，后面再加写一个数字，让我们知道实际上它被说了几次。”

约瑟夫还没听懂就忙着点头。这个想法很复杂，他们需要我的帮忙。这是一个不管孩子们是否完全理解，我都必须提供一个解决方法的场合之一。

我在黑板上贴了一张空白纸，然后在上面写下一个“从前”，因为这是萨曼莎的想法，所以我转向她说：“你想要说三次吗？”

“不，五次。”

“好，现在看着，我在‘从前’后面写一个‘5’，然后我们说五次，可是我不写五次。现在看看我们还剩多少地方。”

孩子们盯着我的纸看，我的解释说服力不太够。“看这里，我拿亚历克斯的故事给你们看。看，亚历克斯要我写九次‘从前’，让我们算算看有多少行。”

“好了，现在除了第一个以外，其他的我都画掉，然后我写上‘9’，这就表示我们必须说九次‘从前’。”

“为什么你画了一个叉？”亚历克斯满脸疑惑地问。

“我试着让大家明白‘9’代替了那些被划掉的‘从前’，我们可以念，可是我不会把它们全写下来。”

“所以你画了一个叉？”

“嗯！我不一定要画叉。来，我让你们看一下是怎么回事。”我拿了一张干净的纸，重新开始。奇怪的是，孩子们鸦雀无声。尽管不懂我在做什么，但他们似乎被我的表现迷住了。

“现在，假装亚历克斯刚开始对我说他的故事。亚历克斯，开始吧！重新说那个狮子的故事。”

“从前、从前……”他有点不自然地开始说。

“你想说多少次？”

“十二次。”

“好，这样表示说了十二次，我只写一次‘从前’，然后在它的旁边写‘12’。现在你还有一整页纸可以说故事。”

“有一只狮子……”他接着说。我将他的话写下来给每个人看。随着故事的发展，他不再感到尴尬。

然后他看见一个坏人，但是刚开始他没看见，因为坏人在树上，不过他听见奇怪的声音。然后他看见坏人，所以他就问他：“为什么你在树上？”“因为有人说我很坏。”所以狮子对他说他并不坏，后来他就爬下来。说完了。

这时我们写到纸的最底下。“现在大家看这里，在原先那张纸上已经没有地方可以写这么长的故事了，因为所有的句子都是‘从前’。”

“对，还有叉。”亚历克斯提醒我，那个叉令他很困扰，我应该用线来去掉每个“从前”。

“对！还有叉！不过，现在我们来说九次‘从前’，数我们的指头。”数完之后，我得意地念亚历克斯的故事。我已经证明了我的想法。

不过，亚历克斯接着说：“因为树很长，所以你需要的地方比较多。”他跳起来，然后用手指指着“9”说：“坏人就坐在这里。”然后他的手指滑到纸张最底下说：“这是他下来以后站的草地。”对不识字的人而言，那些字母看起来像随风摇曳的小草，而“9”则是坏人的座位。

孩子们完全理解亚历克斯的意思，我们若无其事地演出他的故事。而我觉得自己像是站在一个伟大的普遍真理面前，那就是：任何概念都有无限多的理解方式。仅仅采用一种单一的方法探讨一个话题，并将其作为“教学课程”呈现，这种方式所涉及的危险，只会让人感到惊讶。

第二天，轮到贾森说故事时，他对我说“九”。

“九什么？”

“从前。”

“九个从前？”

他推推我的笔，说：“这里……这里……这里……这里……有九个了吗？”我依照他指的，在九个地方写下九个“从前”。这是贾森对昨天的讨论的思考方式。难道会因为没有人这么做而显得奇怪吗？

“你记得亚历克斯的九个‘从前’。”

“我记得‘从前’。”他说得更准确[1]。

看来，孩子们与我都花了许多时间假装贾森参与了我们的活动。尽管我们的方法有些不同，但我想知道的是我们的目的是否相同：让贾森不辜负我们的期望。

我的方法是假装贾森是有意地对集体作出贡献，即使当

[1] 佩利老师说的是“once upon a times”，用了不规范的说法，而贾森说的是“once”，更准确。

他显然没有这种打算时也一样。例如音乐课上，我们在唱大家最喜欢的《木瓜园》(*Pawpaw Patch*)时，每个孩子轮流坐进一个木箱子里，假装不见了，同时另外有个孩子会一边跳一边“找”不见了的人。我们唱“哪里，哦，我们的朋友莉莉在哪里……”直到小朋友找到那个人，然后他们再一起跳回座位。

轮到贾森时，他拒绝了。“我的螺旋桨坏了。”他对我说。然而，当我提议将直升机放进木箱，再假装找到直升机时，他同意这个想法。孩子们都觉得这是个有趣的想法，纷纷效仿。阿琳把她的娃娃藏进木箱，约瑟夫则是藏蛇，于是游戏就以“贾森的玩法”继续下去。

问题是：我是那个将之称为“贾森的玩法”的人。我不断地提醒大家这是贾森的主意，但是当贾森玩过之后，他就不太在乎了。过了一会儿，孩子们又回到原来有玩伴的玩法，而“贾森的玩法”就被遗忘了。

让贾森受到特别的注意是不错，可是由于他同意按我的想法去做就说这是他的主意，会使孩子们感到迷惑，而且也是不诚实的。孩子们知道哪些想法是他们的，哪些是我的。我必须很小心，不能因为我渴望贾森全程参与，而掩盖了真相。

我并没有假装是约瑟夫想到用数字代替一连串的“从前”。由于我对约瑟夫有信心，就用了他的原话——“说快一点”——然后再加上我的想法，使这个活动进行下去。孩子们知道我与约瑟夫在角色上的差别。

直到亚历克斯想象出一棵长树，有个强盗坐在“9”那个位置，孩子们才明白我的想法。这次的经验足以让我认识到，绝对不要假装我的某个想法是孩子们想出来的。

至于贾森和《木瓜园》，我应该说：“贾森不想要玩伴，所以我建议他和直升机玩。”

孩子们的策略更直截了当，所以更容易让贾森验证、思考他们所说的、所做的。下面的例子发生在娃娃角。像上音乐课时一样，贾森再一次拒绝参加，但是孩子们不允许他逃避与小伙伴一起做幻想游戏的责任。

贾森独自坐在娃娃角的桌旁，当西蒙、爱德华和莉莉进来时，他正把一些黏土揉成像蛇的样子。

“哇！好棒，”爱德华说，“有个猎蛇的人。贾森，我也是耶！

你抓到了蛇来煮，我打到了一只老虎。”

当其他孩子继续安排怎么玩的时候，贾森把直升机移近他的那些蛇，然后用双手遮盖住。

西蒙说：“我和莉莉是厨师。我是说我是猎人服务生。”

“那贾森是谁？”莉莉问道。

贾森不想回答，而这看起来似乎是个问题。不像在音乐教室里，在那里，孩子们希望老师说：“好，你只在旁边看就可以了。”也不像在积木区，在那里，孩子们可以盖一个属于自己的地方。但是在娃娃角，每次只能上演一部戏。一个无动于衷的人，就如同坐在我们家餐桌旁的陌生人，同样会让我们感到不安。这样公平吗？孩子们认为公平。而且这里没有大人出现并提供一种不同的逻辑，对贾森来说这很幸运。

“贾森，你到底是不是猎人？”爱德华追问。

西蒙把规矩说清楚：“贾森，没有直升机，你可以当猎人或服务生。”

“或者当爸爸？”莉莉满怀期待地说。

“不，莉莉，我是猎人爸爸。或者他可以当强盗。强盗！强盗！餐厅里有强盗！叫警察来！”爱德华这时似乎认为，贾森必须离开，否则就玩不下去了。“餐厅里没有直升机，这里只有猎人、服务生、一个爸爸和一个妈妈，好不好？”

贾森忽然站起来，皱着眉头看着爱德华，除去了所有的疑虑：“我是个直升机人，来到一个新的餐厅。”然后突然离开娃娃角，往他积木区的飞机场走去。当他经过故事桌旁时，对我说：“这是一个直升机餐厅，不是为强盗开的，不是为猎人开的，也不是为服务生开的。”

“只是为你吗？”

“我和萨拉。”

“萨拉？你妹妹吗？”

“我！只有我。”

我在音乐教室的课只不过是些娱乐活动，但是娃娃角的事情却使贾森主动扩展了他的游戏领域。他不当猎人或服务生；他要当另一个餐厅里的直升机人。他的真实感受受到了深深的触动，他能够考虑把萨拉也包含进去的可能性。

我组织的活动和孩子们自己的活动在情感撞击上的差异，在第二天得到了进一步的体现。莉莉说了一个“丢了又找到了”

的故事，引爆了贾森的新游戏。“木瓜园”似乎也涉及同样的主题，但莉莉的简短故事却更具真实性。

一个小女孩掉（丢）了。妈妈又角（找）到她了[1]。

“掉（丢）了！掉（丢）了！掉（丢）了！”贾森不停地说，一边把直升机遮起来。

“角（找）到了！角（找）到了！角（找）到了！”他把直升机举高，又接着说。莉莉正好给了他可以利用的材料。

贾森一般是不说“掉（丢）了”和“角（找）到了”的。随后在他的故事里，他说:“直升机飞不高了，它丢了，哦！我找到了。”

与我那个稍显平淡的“木瓜园”游戏比起来，“掉（丢）了”和“角（找）到了”似乎更有力量，因为在这个故事中，所有的部分都可以公平地互相交换。莉莉那个丢了又找到了的小女孩故事，确实触及了这个问题的核心。

---

[1] 此处原文“丢”（losted）、“找”（finded）为语法错误。

后来，特里什质疑了我的解释，她说:“莉莉已经说那个不见了的女孩的故事好几个月了。为什么贾森突然间把这个想法并入他的游戏与故事当中呢？我认为是“木瓜园”起了作用。”

“你认为我把‘掉（丢）了一角（找）到了’这个故事看得太重了吗？我只是觉得这些在游戏与故事里的情绪反应远超过孩子们从我们的课程中找到的任何东西。”

“你是说‘角（找）到’。”

“嗯，对。你这一说倒是提醒了我，我的眼镜不见了，你有没有看到？”

“在楼上钢琴上面。不过，等一下，我记了一些东西想问你。你有没有注意到昨天孩子们在玩的图书馆游戏？”

“我当然注意到了。很可爱，卡片啦，书架啦……”

“还有字母排列。是我帮他们做了这些，你真的喜欢吗，薇薇安？”

特里什的问题让我觉得意外。“我当然真的喜欢。”我说。

“可是你没有录音。”

“我没有录故事吗？”

“你通常会把录音机带到一些发生有趣事情的地方去。”

“这就是你认为我不觉得图书馆游戏好玩、有趣的原因吗？”

“不像你对幻想游戏那样有热情。”

一直沉默不语的盖尔这时说：“特里什的意思是，当你在谈论萨曼莎，说她是图书馆员时，并不像谈论萨曼莎是贾森的妈妈时说得那么多。”

“嗯——你说得也许有理，然而，图书馆游戏当然也是某种幻想游戏，不是吗？难道他们不是在假装是成人图书管理员和大孩子吗？”

“不过你没录音。”特里什坚持说，“你也没录下杂货店的游戏，或是搬运工用报纸包装玩具的游戏。”

“你一直在注意我录下什么东西？”

“当然。这能让我知道你对什么最感兴趣。”

“好，我这就给你一个答复。也许我期待更多惊喜，更多无法预期的事，更多随着情节和假扮的深入所显现出的秘密。不过，这令你感到担心吗，特里什？”

“是的，我的确担心。因为我认为我更喜欢另一种游戏，真实的游戏。”

“真实的游戏？”

“游戏应该尽可能安排得接近事实。我和图书管理员或搬运工在一起，会比和神奇女侠、蝙蝠侠在一起觉得安心些。作为一个老师，我应该为孩子们多找些关联性，只要我们一起从事……”

“非虚构的游戏？特里什，真的，我非常重视图书馆和搬家的游戏，还有当煤气公司在外面放了些新管子时，孩子们用积木和沙子完成的那些美丽复制品。还有约瑟夫在收费亭里，达纳在果汁站贩卖饮料。这些我都录音了。不过，你说得没错，对这些游戏，我的确不如在幻想游戏里做的那么多，因为幻想游戏更近似于孩子们说的故事。”

盖尔问道：“孩子们会不会因为你比较喜欢幻想故事，所以就常说呢？”

“或者说是因为他们似乎更喜欢幻想故事，所以我才比较喜欢呢？因为在说他们想出来的故事时，他们似乎更自然，表达得更明白。”

“薇薇安，请你再告诉我一件事。难道这两种戏剧游戏不是同等重要吗？”

“当然一样重要，只要是这两种。你知道吗，特里什，大多数老师和你一样，更喜欢“真实的游戏”。但不管怎样，我想问你一个问题：当贾森的直升机飞进奥黑尔机场和米德韦机场时，这是真实的游戏呢？还是幻想？”

“这是真实的贾森。”盖尔回答。

“看，我做了一个松鼠洞。”

听到贾森的声音，我猛地转过头，这肯定是他的第一个松鼠洞。然而除了我之外，没有人觉得这有什么好大惊小怪的。

有一些小朋友在楼上的音乐教室玩木箱子，贾森正好坐在一个木箱里。“这是个松鼠洞，我要跌进松鼠洞了。”

在他身边的小孩正在玩萨曼莎发明的兔子与狐狸的游戏。

“你有没有看见狐狸？”

“他在地牢里。”

“下去把他逮住。”

“吃了他。”

“你有没有看见狐狸？”

“他在下面的地牢。”

“用狐狸当晚餐。”

贾森把木箱放在头上，说：“这是个松鼠洞，我快要掉进松鼠洞了。”

“你要不要有人（someone）来找你呢，贾森？”我问。

“有人（someone）找不到我。我要掉进去了。”

这一次我走开了。这些僵局也许是为我而设的。他在莉莉的帮助下“角（找）到了”他的直升机，或许他想自己去发现西蒙松鼠洞的神奇之处。

“我跌到洞里了，这个松鼠洞，这个松鼠地牢洞。”

他引起了西蒙的注意：“松鼠洞不会是地牢，贾森。”

“地牢洞。”

“过来，我告诉你，如果狐狸跑来就用木箱盖住头。快点，狐狸来了。快点，贾森，快躲起来。”

在接下来的十分钟里，贾森按照西蒙说的每个动作做。直升机在钢琴凳上——可以看得见的地方，不过，贾森现在肯定不是直升机了，而且木箱也不会变成直升机场。尽管它是不经意间完成的，但这却是很重要的一幕。

的确，正是在这么简单的活动中看到了孩子们的进步。贾森已经进入另一个孩子的幻想中，且允许自己展示其中的东西。这是贾森自己的想法。我已经准备在松鼠洞边对西蒙吹气,想把他吹进洞里,不过贾森阻止了我。他所谓的“有人”（someone）指的是我，他知道所有孩子的名字，也准备好在紧要关头时使用它们。

我很高兴贾森尝试松鼠洞的游戏，但眼看他放弃直升机房子却又感到可惜。我不得不承认，那里确实是个学习关于学校事物的好地方，甚至比故事屋更好。

任何妨碍贾森全程参与集体游戏的东西，可能都和积木区有关系。正是在这个地方，贾森在保持他私人“领地”完整的同时，还能够审视游戏的自然节奏。各自的边界是仔细划分好的，关于地盘和积木材料的协商一直持续着，而且进行得很艰难。

“那里很危险，贾森，别走过去。”亚历克斯命令道。

“是啊！走开。那是沼泽路。我正在走沼泽路，这不是为你准备的，贾森。”约瑟夫警告说，他指的是我们刚读过的书里头的一个情景。“我能不能走沼泽路？”伊莱问约瑟夫。

“可以，不过这条路对直升机们来说很危险。它们会陷在里面，贾森，别过去。你把沼泽路弄坏了。”

当贾森正想过去多拿些积木时，意外地拆掉了一些“沼泽路”。“我可以把这座房子拆掉。”他说着用手指着一座空架子。

“你弄坏了沼泽路！”

“贾森，走开！”

“不要，那是沼泽路。”

贾森有些困惑，他的眼泪在眼眶里打转。“我现在要去那边，因为……”他试着拿出一个正当的理由解释一下，“因为……那里不是……”

“不，贾森！”亚历克斯大叫，拉扯着贾森的手臂说：“你根本不知道学校是什么！”

“因为我想把它拿下来……”

“可是我们正在玩，这是一条通到秘密地方的沼泽路。”亚历克斯被贾森的泪水打动了，“知道它通到哪里吗？来，我指给你看，好吗？”

“好，我回来了。”贾森擦干眼泪，盯着亚历克斯说：“我必须修理我的房子。”

“现在看着，贾森，”亚历克斯的语调柔和了下来，“请你不要再走到沼泽路上来，要不然我们只好把你炸死。”

“哦，是吗？”萨曼莎伸长舌头说，“你不能炸死一个没和你玩的人，他在玩别的。”

“那又怎样？萨曼莎，我们会把你炸碎！”

“是吗？那我就变成大便虫。”她反驳说。

“喂，萨曼莎，你要不要看沼泽路？其实不是很危险。这样走，再跳过那一段，那里是会沉下去的地方。”

“不，谢谢，我在和贾森玩。你当宝宝，我是妈妈，好不好？我去拿枕头。”

“不要。”贾森转过身去。

“好吧！那我就和凯蒂玩。再见。”

萨曼莎知道怎么玩。她把自己当成大便虫用来削弱亚历克斯虚张声势的战术，然后再提醒亚历克斯教室的规则，以展现她自己的权威。最近，萨曼莎所说的、所做的，最终都向贾森证明：是孩子控制幻想，而非幻想控制孩子。她可以决定当大便虫或是带着宝宝的妈妈，认真地或随便说说都可以，只要她愿意。而最认真的是，她决心让贾森当她的孩子。这个简单的事情，比所有其他的事情更能帮助贾森在学校里取得进步。她将贾森纳入她的控制范围，贾森则因为每天都会变成她的宝宝，时而高兴，时而沮丧。

“我盖了我的房子，老师。”贾森说，“看，它是不是很有趣？它看起来像学校，高高低低的。”

萨曼莎在贾森的房子上加了一块积木说：“再让你高一点。”

“别再盖高了，它会倒下来。”

“它会倒在你身上，宝宝。不过我会帮你绑绷带，你在这等一下，我去拿绷带。”

“不，它不会倒，不用帮我绑绷带。这有楼上，可以让真的直升机离开。噗——咻。”

“宝宝乖，这是你的床。”

“不！不要动积木。”

“好吧！”她安慰他说，“小宝宝，我会修好。”

“不，你把它弄变形了，直升机坏了。”

“妈妈在这里，看着我。妈妈在这里。”

贾森不由自主地笑了起来。“哇！哇！哇！”他叫喊着，

“叭！叭！叭！叭！”

“假装你还不会说话。好不好呀！贾森宝宝。过来呀！小宝贝。”

他看了萨曼莎一会儿，然后跳起来。“我不要……我不是……你打扰我了，今天有人捣乱，弄坏了直升机。我不是小宝宝，别抓我的手。有人捣乱。”

听见贾森在保护自己，我想起了他到学校第一周的两幕情景，其中一幕是：贾森和他父亲坐在地板上玩着乐高积木，当我走进房间时，贾森抬头看了一下，他又大又黑的眼睛流露出不欢迎的神情。

“你在做什么，贾森？”

“别和我说话。”他抱怨道。他父亲充满歉意地微笑着，然后贾森移动身体挡住我的视线。

另一幕则发生在绘画桌上。这一次，当贾森在画画时，他母亲坐在他后面。伊莱指着贾森的直升机问道：“它会飞吗？”

“别和我说话。”贾森大叫，他这种出乎意料的强烈反应把伊莱吓了一跳。

“等一下，伊莱，你没做错什么。”我说，然后伸手抱住他。

接着说："贾森，伊莱和你说话没关系，学校就是这样子，伊莱他很友善的。"

贾森靠近他母亲，一边让直升机在她身上打转，降落在她的膝盖上、鞋子上、皮包上，一边打量着我们。第二天，令人意外地，他同意妈妈离开。他决定留下来——他和他的直升机。

又过了几天，伊莱告诉我："你猜怎么样，老师，贾森让我和他说话了。"

"我很高兴你告诉我，伊莱。"

"我想看他的直升机，结果他让我看，可是不让我摸。"

"我想知道为什么。"

"因为直升机的螺旋桨坏了，他正在修理。"

我与贾森的第一次谈话就是根据伊莱的报告而来的。"贾森，伊莱告诉我一些好消息，他对你说话，而你没有说'别和我说话'。你对他说，直升机坏了，你把它修好了吗？"

"修好了。不过谁也不可以碰它，它很脆弱。"

"好。我会告诉大家。各位小朋友，贾森不希望有人碰他的直升机，它很脆弱。"

“噗噜——呜——”他发出的引擎吼声压过了我的声音。

就是这样的事情将学校介绍给了孩子们，不过每个孩子都从不同的“门”进入。贾森“坐着直升机飞进来”，使我们想到了人那种与生俱来的不屈不挠的精神。我们当中认为自己是在“教学”的人，决不能假想我们知道每一个学生是如何开始学习的。

说故事的教室很小，当这栋学校建筑还是私人住宅时，它应该是间小孩卧室。尽管如此，我却喜欢在这种小地方演出我们的故事。在那儿会有一种亲密感激发孩子们的注意力，而这是很难在大教室里做到的。而且，即使有二十四个小孩、三位老师，以及偶尔出现的访客，所有人全都围坐在贴着胶带的舞台周围的矮板凳上，这个房间直到目前为止都不显得小。

“为什么这里看起来好挤？”我大声地问。

“在说故事的时候来了太多人了，就是因为这样。”莉莉抱着她的圣诞熊说。

“我们一直都有这么多人呀！莉莉。”我说，“而且又没有别的客人。”

“因为西蒙离我太近了。”亚历克斯说。

“也许是因为太挤了，所以他看起来靠你很近。你们会不会觉得是因为你们每个人都抱着大玩具或布偶才这样？”

“还有芭比娃娃。”约瑟夫对萨曼莎说。

“我得抱着她，要不然她会丢的。约瑟夫有一座城堡，那太大了。”

“我需要这个城堡让希曼住，他在我的故事里。”

“不过，听着，”我不满地说，“所有这些东西占去太多地方了，当我们表演故事的时候，把它们放在别的教室里，怎么样？”

孩子们看起来惊呆了，我的想法恰好与一条旧规则相冲突：你可以带任何东西到任何地方，只要不造成问题或妨碍别人。别人是否包括了“老师”呢？

“不！那不是好办法。”萨曼莎坚定地说，“我的故事里需要芭比娃娃，而且这里不会很挤。”

“你说的故事并不是芭比娃娃的故事。”我提醒她。

“她在故事里，是我忘了说。”绝望之余，她不顾一切地把芭比娃娃放到三只小猪的故事里。

“告诉大家只带一样小的东西来。”爱德华一边说，一边看了看他的小超人模型。

“不公平！”阿琳争辩，“我的娃娃需要手推车。都是因为贾森！他太挤了。”

原本贾森并没注意这场激烈的讨论，这时他却抬起头来。除非听到他的名字或他的直升机，要不然他很少会听大家在说些什么。他皱着眉头看着阿琳，然后把直升机放在他今天带进来的三块大积木后面。他是什么时候把积木换成三大块的呢？我很纳闷。突然间，我们都明白了，是直升机场占据了空间。

“贾森，你不介意像别人那样坐在板凳上吧？而且你可以把直升机放在膝盖上。”

“不。”

“不？你不介意？”

“不。”

“我的意思是，你能不能把大积木搬回去，我们再看看这里是不是不那么挤了？孩子们不觉得挤，是我觉得挤。”

毫不迟疑地，贾森举起他面前的积木，把它搬到别的教室。

“需要人帮忙吗？”我喊着。

“不用，我自己来。”

我从纯个人角度看这个问题：我是那个觉得挤的人。贾森的反应，与早先孩子们回应他对直升机场的需要时如出一辙。

没有人问起直升机场跑到故事教室来的原因。贾森坐在那转动着直升机的螺旋桨，不时地看看舞台上的表演。其他孩子也一样，抱着玩具，彼此说着悄悄话，看看书，当他们被叫到时，就上台表演故事。

毕竟，我们并不需要每次只专注在一件事上。孩子们的思维节奏并非以这样的方式进行。在游戏里，他们会深入挖掘，上天下海，改变声音与服装，甚至在需要时还会找寻玩伴，然后他们会再回到尚未解决的问题上。同样，贾森也能在转动螺旋桨、发出引擎声、降落飞机、将它拆开的同时听我们说话。

第二天，或许贾森想要测试我们的新安排，他飞进西蒙的松鼠故事里，却在别人抱怨之前就离开。没人想到要把直升机场带回来，连贾森也没有。这是解决这个慢慢变小的问题的方法之一。但这个方法只是暂时有效，然后方法本身又会产生一些问题。

事情几乎都是这样发展的，问题并不是非要解决，它们是我们用来实践、发掘可能性以及帮助我们研究因果关系的对象。任何重要的议题都无法靠一个伟大的计划解决——或者说在一个学年内解决。有些问题会以不同的方式再出现，我们需要新的方法并花上一辈子的时间来解决。

游戏本身就是解决问题的过程，即使你对孩子们的对话漫不经心，都能发现这一事实。

“怪兽来了。他快到这里来了。”

“赶快拿魔法腰带，只要一戴上它，怪兽就不会动了。”

到处都会有新的冲突发生，我们的工作就是尽可能找到魔法腰带。解决不满情绪、杜绝危险会带给我们一股巨大的力量，并且是我们共同努力的目标。

是解决的过程，而非解答本身，告诉我们：总是会有新的剧本在那，只要留意就能发现。

但是，难道我们得花费那么多时间在孩子的事物上吗？这些时间实际上都可以写一本书了（如同我对贾森所做的）。幸好孩子们自己解了围，每个孩子轮流要求同等的时间，而且每个故事都有助于写出其他的故事。

以亚历克斯为例，他最近很生气，因为他说他从来没有坐在约瑟夫旁边过，西蒙和佩蒂却总是坐在约瑟夫旁边。对他说他曾坐在约瑟夫身旁的次数有多少回并不管用。如果亚历克斯没有紧邻约瑟夫他就不坐下，这让我们集体活动的时间愈来愈多地被耽搁。

顺便说一下，在亚历克斯哭的时候，贾森从未跑进过舞台或发现他的直升机坏掉。危机似乎每次只出现一种。

“我先坐那个位置的。”亚历克斯大叫，他先试着赶走西蒙，然后是佩蒂。

“等一下，亚历克斯，你不能把别人从座位上拉起来。如果他们愿意的话，请求他们给你让位置。”

三个孩子同时摇头。“我讨厌这个学校！我什么都不能做，谁的故事我也不演了。”亚历克斯跑出教室，不一会儿又跑回来站在门边。

孩子们比我更有同情心地看着这一幕，为了争取座位，亚历克斯已经连着四天这样了，在故事屋、音乐教室、吃点心时，甚至是在说故事的桌子旁，他都是这样。

“谁也别想再演我的故事！”

“亚历克斯真的很生气，你们谁有办法？”

“让他盖直升机场！”阿琳说。

“我不是直升机。”

“请约瑟夫换位置。”

“不，我不要。”

“拿一张椅子，让亚历克斯坐在约瑟夫前面。”

“那我就看不到了。”约瑟夫抱怨。

“亚历克斯可以缩一下身体。”

“我不喜欢缩着身体。”

“捉迷藏吧。”贾森说。

“那是亚历克斯可以做的事吗？”我问贾森，“或者你只是想到这个游戏？”他没回答。

“我有办法了。”西蒙说，“让亚历克斯坐在约瑟夫前面的地板上，那他就看得见了。”

“捉迷藏吧，再偷瞄。”贾森补充道。

“噢！从亚历克斯后面瞄过去。贾森,这个方法可能有用。西蒙的想法也是。”我感到我对贾森有了一种新的期望。

“好！”亚历克斯接受这个想法，我们全都轻松了下来，他很满意地坐在约瑟夫的两腿之间。

昨天的解决方式是让亚历克斯坐在走廊，而前天他则同意坐在我的腿上。不论在何种情况下，任何一种选择都只是纯粹的象征而已，因为只要他扮演某个故事里的角色，或者演出自己的故事，他就会毫无抱怨地坐在任何一个空位上。他只是要确定，他的要求是重要的，足以阻止课堂活动的进行。在一天当中,这类由某个孩子引起的慌乱时刻会经常发生,他们因此得到的关注比老师的任何其他行为都更能证实学校生活的安全可靠。

吃点心时，我提出了座位偏好的问题。这个话题很重要，每个孩子终究会面临这样的问题：我们能不能强迫别人让出我要的位置?

“约瑟夫，亚历克斯要怎样才能解决他的问题？说故事的时候，他一直想坐在你旁边。”

“我可以替他占一个位置。”

“西蒙、佩蒂，如果约瑟夫有时候这么做，你们在不在乎？”

“那我就替佩蒂占位置。”西蒙说。

“也替我占一个。”凯蒂说。

“小朋友们，你们知道吗？我以前不准小孩占位置。”

“为什么？”

“也许是因为我小时候老师不让我们这么做。不过有一次我对第四组的老师西尔弗曼小姐说时，她笑话我。”

“她为什么笑话你？”

“她说：‘老师们开会时，你总会替我占一个位置；如果我先到，我也会替你占一个位置呀！’”

孩子们安静了一会儿，想着我说的话。然后，一个接一个地笑了起来，我也和他们一起笑。对我们大家来说，我似乎是说了一个自己的大笑话。

“你很笨，对不对？”

“对。我告诉孩子们不可以做一些其实我自己也在做的事！”

“所以，你就不会再这么说了，对不对？”

“我希望是。不过，如果我忘记了，请提醒我。”

我怀疑自己是否达到了数年前弗里茨要求我做的百分之八十五的积极回应。但是我依然可以找到充分的证据证明自己有时不够耐心。

例如，我记录了约瑟夫说的一个复杂的恐龙故事，我就那个故事问了许多问题。随后，在积木区里，我又像一只暴怒的龙一般，猛扑在同一个更复杂版本的故事上。

这件事很重要，因为自发的戏剧演出帮助约瑟夫澄清了一些难以理解的概念，而这些是书面记述的故事所做不到的。

> 那只龙有两个头。然后有一只非常非常老的龙走过来，然后小龙先出来，小龙被杀死。又一只小龙出来了。我是恐龙男孩，然后我是恐龙爷爷。

“故事里有两只小龙吗？”我问。

“不。刚开始他是小龙，然后长大。变爸爸。然后我长大，我和爸爸、爷爷杀死了那只龙。”

“你是爷爷还是小孩？”

“我现在是小孩，不过，你不知道吗？我后来长大了。”约瑟夫在叙述的时候分不清辈分，不过，过了一会儿，在扮演时，他设法完成了一辈和一辈之间的过渡。

“亚历克斯，假装我们杀了那只龙。”

“我是爸爸吗？”

“是。我是弟弟，然后我是爷爷。那是恐龙王，因为恐龙男孩长得很大很大。然后我是恐龙男孩。”

“我一直是爸爸吗？”亚历克斯问。

“对，不过刚开始我是弟弟，因为爸爸和弟弟杀了一只小龙，然后他又活过来，然后……然后，我是说我老了，我们要先让小龙活过来，然后，我还得先是弟弟。”

他们不断增加积木作为龙的尾巴，直到碰到桌子为止。“再长一点！火！假装火从这边喷出来！哇！烫死啦！他又活过来了！爷爷，是我，别担心，我还活着。打倒他，杀了他，杀了他，杀了他！”

作为老师的我这时走进来，没问任何问题，就抱怨道：“孩子们，你们看看，弄得这么乱。走都没法走了。”成年人的坏脾气将整个游戏的逻辑破坏了。

回到家，听着录音带上游戏的前后关系，我对自己感到失望。孩子们在积木区使用男孩与爷爷的概念和过去、现在、未来的时间概念要比在故事屋里表现得更有自信。

贾森超乎寻常地对这出戏感兴趣，当男孩们开始收拾积木时，贾森看着约瑟夫说：“坏人。”

“不，我不是坏人，贾森。”

“坏人。”

“贾森，你这么说是不是因为我生气他们弄得这么乱呢？”我问。

突然间，贾森弄倒他的直升机场，跑到积木搭盖的地方，也把它们全部弄倒。很显然，他在学龙的那一幕。我很笃定地觉得，他在等我对他说那些我对亚历克斯和约瑟夫说的话。

“贾森，看你弄的！地上到处是积木，谁也走不过去。”

他看起来很满意。“它被炸到天上去了，又打雷，又闪电。”

“嗯，既然我帮了约瑟夫和亚历克斯的忙，我也会帮你。过来，贾森，我们一起把积木收好。”

“我很坏吗？”他问。

“不。你和约瑟夫、亚历克斯都很好。而且你们是很棒的积木收拾员。”

“萨拉是坏人。”他轻轻地说。

“谁是萨拉？”亚历克斯问。

“她喷口水。”

“你的孩子？”

“谁的孩子也不是。”

再也没有关于萨拉的更多消息了，贾森把直升机场其余的墙也弄倒，然后很快把它们都捡起来。“我在演这个故事。”他弯下腰去捡积木，“那个人很坏。坏，砰啊！坏，砰啊！打死那个坏人。”

是不是贾森的直升机幻想都和坏有关呢？坏直升机跑进舞台，每个人都要赶他走；然后贾森修理螺旋桨，直升机又好了。当好人比较安全。也许贾森不停地重新盖直升机场，就像西蒙做松鼠洞一样，都是想确认一种安全感。

“救命！那边有房子倒了！”西蒙向约瑟夫发出警告，“把烟囱堵上！”西蒙的松鼠洞有危险，贾森的直升机坏了，莉莉的孩子不见了。它们之间的不同可能只是频率上和形式上的，而不是真正意义上的不同。贾森学习一个概念需要多次重复某一行为。每次他都找出很微细的错误，这样经过多次的反复才能够每天都演出来。

“错误”是他常用的字。“那是个错误，那是个错误，那是个错误。”当他画一堆直升机的图时会这么说。“现在，这一架没有坏，一点错误都没有。”他这才带走最好的那张图画。

“其他的图要留下来吗，贾森？”

“那些都有错。”

我看那些图画全都一样。“我可以看看你手上那张吗？我想看哪里不对。”

我们把图一张张排列放好。“贾森，能告诉我哪些地方有错误吗？”

他在每张图上用手指了指“那里、那里、那里、错了、错了、错了”。他正在表演“错误”。坏掉与修理；弄乱与摆正；弄倒与重建。“坏，砰啊！”和这所有的一切，看起来像是有意的练习，而不是无意的损坏。

这种尝试错误的方式，只有在不把惩罚作为一种辅助教学手段的教室里才行得通。贾森与其他孩子可以在不用被惩罚的情况下，自由地体验好与坏，有意义与无意义。当然，不好的行为还是会被制止，不过，不说“否则……”就意味着，在整个过程中，我与孩子们都能把彼此的错误与误解当作是一种经验教训。

无论是老师还是孩子，我们大多数的错误，都是发生在判断上。依我看来，我也犯了很多错，但都没有很久以前我所用的思过椅那么严重。过去，我从未给孩子们戴上坏学生的帽子，也没罚过学生站墙角；尽管如此，却曾在冲突产生时，使用隔离孩子的方法，以便让他们“思考”他们的错误行为。事实上，坐在那椅子上的总是那几个孩子，可是，这并没有让我反省它的有效性。

与贾森让直升机飞离跑道的行为相比，我这种不合逻辑的行为，更是经常反复出现。不过，我们都会在开始听孩子说故事时，就停止这种毫无益处的干扰。只要有机会，演戏总是会替代漫无目的的行为。

即使只是关在教室中间的椅子上，把小孩“关”起来，又怎么能替代讲理与对谈呢？在故事与游戏里，关起来的意象是很常见的幻想，不过在那里，至少有助于增强孩子们的自我控制力、社交能力，促进智力发展。我的椅子除了让孩子们沉默、愤怒，再没有别的。同我没有办法以抽象的方式来教学一样，孩子无法以抽象的方式来思考社会行为。孩子们通过持续的游戏和发展新角色来“思考”；教师们通过观察每个孩子走出站不住脚的立场，并开始理解教室的意义来“思考”。

“抓住那个孩子！”亚历克斯对贾森大叫，“把他绑在椅子上。希曼，那个小孩弄坏了我们的城堡！”

“警察 911！呼叫警察希曼。这里有强盗！”

“我的螺旋桨坏了。”贾森啜泣起来，环视着被他弄成一团糟的亚历克斯的积木。“我要去修理我的螺旋桨。”

“警察 911，强盗在八十四号公路修理螺旋桨。不——要——再——弄——坏——了——要——不——然——你——会——被——关——到——很——远——的——监——狱。”

“那好吧。”贾森在他的直升机场里说。

思过椅如何能改善这种情形呢？贾森这种无法解释的破坏行为被并入了戏剧当中，而且亚历克斯找到了一个合理的解决方案，亚历克斯自己也经常从这类戏剧性的逻辑中获得好处。思过椅无法与关在“很远的监狱”相比较。老师不应该冲过来把“强盗”关进“监狱”；当我们在寻找机会讨论后果时，我们完全可以安心地让这些幻想专家来写剧本。

盖尔与特里什重新提起一项我们曾讨论过的议题：如果没有对持续的错误行为进行惩罚的话，老师们就无法感受到自己足够的权威。

“这件事令你们非常受挫是吗？”我问。

“当然。”盖尔回答，“似乎你可以不惩罚，因为你是有经验的老师。但当我独自在教室里时，我真的认为我最终需要用某种威胁来吓唬那些孩子。”

“这也让我觉得很无力。”特里什补充说，“即使是现在也一样。”

“好，不过我告诉你们，一旦你们威胁、惩罚，教学的游戏就改变了。难带的学生与困扰的情况已不再是该解决的问题；你们创造了一种视惩罚为重要议题的戏剧，让它取代了平常的教室故事。老师怎么说，孩子就怎么做。对不起，我真的认为若只是因为他们还未学会一些事情，如社会行为或其他任何东西而惩罚他们，是完全会起反作用的。它只会创造‘没有用的对话’。”我望了望我的同事们，心里知道，我并没有消除他们的疑虑。

这些与盖尔和特里什的讨论，把我带回到过去的时光，回想起我还是个年轻教师时的情景。那时我也和他们有同样的感觉，认为教学中不能没有“最终的威胁”。思过椅，我选择来惩罚学生的一种方式，似乎不可能去除，直到有一天我感受到孩子们坐在椅子上的那种无以名状的痛苦。

翻阅以前的教学日记时，我发现很多记录是有关这类令人沮丧的事情。“查尔斯总是侧坐在思过椅上”是一个批注。“他双手握拳支着下巴，眨着眼睛将眼泪强忍住。”在另一页上，当我描述他的情绪时我感到不安。“他看起来非常失望。是的，就是失望这两个字。是对我失望还是对他自己？几分钟之前他还是卢克·天行者[1]呢。”

卢克比那椅子来得更有逻辑性，可是我并没有写下这些事。他冲动的推挤行为至少提供了情节和人物。而我的椅子

[1]《星球大战》系列电影里的重要角色之一。

只是一个挫折的入场券。如果校长命令我离开积木区，去反省我易犯的错误，直到孩子们能好好地玩，那会怎么样呢？

“我很抱歉你又得坐在这里了，查尔斯，”我道歉数十次了，“但是你一定要记住不可以推别人，你会记得吗？”

查尔斯并不记得。用“关起来”的方式很少能帮助孩子不去做某件事，它只会让每个人都注意到他很坏而已。在椅子不见了的那天，我证明了这一点。

“那把蓝色的椅子呢？”埃伦问。

“杰克逊先生正在修理。”

“那今天就没有人会是坏孩子了。”她推论。

“如果没有思过椅的话，就没有人会是坏孩子了？”我重复着，想要确定我理解得是否正确。

“当然没有了。怎么会有呢？”

然而我却仍然继续使用那椅子。即使当研究生弗里茨来到我的教室做研究，将他的记录表给我看，告诉我查尔斯并不是个坏孩子时，我仍然会找到理由让他坐思过椅。差不多过了五年，我才认识到教学可以在没有惩罚的形式之下进行。

后来有一年，在一个我认为非常难缠的班级，我突然宣布放弃思过椅。出乎意料地干脆利落。

“我们不再用思过椅了。”我向大家宣布。

孩子们愣住了，他们不敢相信地看着椅子。

“为什么不用了呢？”威廉问。

“因为它没有什么好处。我已经注意很久了，坐过椅子之后没有人会变得规矩一些。”

“我有。”威廉坚持说。

“可是隔天你又到椅子上了。”我点明。

“然后我又变乖了。”他解释道。难道这个最常被“关起来”的孩子害怕失去他的监牢吗？

“不行，我已经决定了，你们必须学会没有思过椅也可以守规矩，事实上，甚至没有任何处罚。处罚人已经让我觉得厌烦，它让我们大家都伤心。”

“那威廉怎样才会乖呢？”吉利好奇地问。

“我们会把事情拿出来谈一谈，”我说，“而且，威廉并不是唯一坐过思过椅的人。”但每个人都知道他最常坐在那。

那椅子给他贴上了坏孩子的标签，在我的眼中，在孩子们的眼中，甚至更糟糕地，在他自己的眼中。我突然感到如释重负，了解到原来那椅子早已变成一种无意义，甚至可能是具有破坏性的做法。

我没再使用过这样的惩罚，但是却花了一段时间来适应没有思过椅的生活。不再充当处罚者的角色并不等于我会自动转变为逻辑辩论能手。我想要和孩子们进行有效的谈话，但却常常以互相责备而告终。

“你不能像那样推、那样踩，威廉。看看，你把玛妮弄哭了，你把她所有的盘子都打翻了！”

“我是一只生气的野狼。”他咆哮着。

“那就当当别的东西，”我厉声说道，“你把每一个人的游戏都搞砸了。”

这很难变成有效的沟通，可是没有了思过椅，游戏仍然可以进行。而我也更能好好地去观察孩子们的思考方式。当惩罚不是个问题时，孩子们的游戏便能沿着一个更富有创造力的方向发展。威廉的玩伴们愿意去检验他行为的逻辑性，而且将幻想延续下去。

“威廉，这个房子没有烟囱，”玛妮劝他，“这样狼就不能进来。”

“嘿，假装我生气因为我发现你没有烟囱，然后你忘记你真的有……”

“但是好巫婆……”

“不，她是坏巫婆，只是……”

“不，她真的是只好狼！她是你的狼妈妈，威廉！”

“不是狼妈妈！生气的狼没有妈妈。咕噜……”

“老师，威廉他又来了！他是个坏孩子。”

也许是吧，但是我不必再决定威廉的行为是否该受惩罚。取而代之的是，我聆听情节，我更好奇的是他的推理，而不太担心他的行为。现在，在告诉他不可以再烦玛妮之后，我还能够这样问他：

“为什么生气的狼不能有妈妈？”

“妈妈们不在森林里，她们在洞穴里。”他冷静地回答。

“当你在洞里时你不会生气吗？”

“只有在森林里我才会生气。”

“而在房子里不会。”玛妮补充道，“我在房子里是个不同的妈妈。”

“房子里那个不同的妈妈会把食物给一只生气的狼吗？”

我问。

“如果他不吼叫的话就给。”她回答。

这些是与适宜性和逻辑性有关的问题，而且在我们结束以前新的计划又产生了。当我发现孩子们在用虚构、假装这种极好的形式来使行为变得适当得体时，教室对我来说就成为有趣的世界了。比起成人以椅子形式所呈现出来的模糊意图，剧情和友谊为孩子们表现出得体的行为提供了更好的理由。

这是我的选择：我可以把不得体的行为视作不良行为进行惩罚，或者将这些不被接受的行为视为剧本发展过程中产生的误读，是一种表现不佳的、需要重新排练的舞台表演。我们没有仅仅因为先前的排演有些笨拙而解雇演员，而是分析剧本，找出它内在的逻辑，以改善演出水平。

这个将错误行为看作拙劣舞台表演的观念，我很感兴趣。我为什么不创造我自己的故事，将行为改变的建议纳入其中呢？当然，威廉在娃娃角需要一种不同的视角看问题。

“威廉，你可以假装成一只不会打翻东西的野狼吗？‘从前有一只生气的野狼，他的妈妈住在很远的洞里，另外有一个妈妈让他进去，他就不叫了……’”

“生气的野狼总是会吼叫，你知道的。”

“我知道，可是既然妈妈不喜欢，你还能在哪里叫呢？”

另一次，我发现威廉正在摇着玛妮的娃娃，我说：“这让我想起昨天我念的故事书，《小熊可可》[1]（*Corduroy*），记得吗？你对宝宝那么温柔，就好像书里的莉萨对玩具熊一样。”

这种利用说故事所进行的尝试，效果似乎很不错。我在寻找新的方法，来思考行为以及其过失。在放弃了思过椅之后，我需要用一个具有一致性和正面性的教学策略来取代它。单单将错误行为当作是判断上的错误，这样并不够。问题在于：要如何运用这些错误，将其转化为正规的学习经验呢？无论何时，只要有可能，我就想把负面的形象转换为正面积极的角色。

“威廉，你真的把蒂姆惹生气了，看，他在哭。可是如果我对你凶，他也不会觉得好受。所以我会对你们两个都很好。这样一来，你可能也会对蒂姆好一点。”

我越来越清楚自己不能再把这种破坏性行为“拒之门

[1] 讲述了一个背带裤掉了一个扣子的毛绒玩具熊，在商场玩具柜里满怀希望地等待着小女孩把他带回家的故事。

外”，并将其放在教室“主要事务”的对立面上了；事实上，教室中发生的所有伴随性行为都是教室课程的一部分。更准确地讲，这些课程也是持续性教室生活的一部分，而这种生活就和家庭生活一样真实，一样拥有着全人类都会面临的问题，而这些问题也是人类社会缩影的最佳形态。因此，无论是从否定性还是消极性上讲，思过椅都是一种不合逻辑的推论。

我也对另一件事情愈加清楚，而它与我从小就被告知的黄金法则有密切的关系，只是当我是位老师时，我很少会在教室里想到：己所不欲，勿施于人。因为我从未因自己在教学上所犯的错误而受到孤立、羞辱和否定的惩罚，所以我也不愿将这些强加在孩子们的身上。

还有，就如同我期望别人在不确定我是否做错时，给予我善意的信任而不轻易加罪于我一样，我也应该以同样的态度来对待孩子们。因为如果我的判断错了，我的认识不正确时怎么办？难道我对查尔斯的评价就没有错吗？尽管我当时并没有立刻弄明白弗里茨在我这里进行研究的深意，但确实有一些令人信服的证据证明我当时是有多错，所以我不容许自己忘记这一点：己所不欲，勿施于人。

“明天是伊莱的生日。”

“他几岁了？”莉莉问我。

伊莱举起四只手指：“我会长高。”

“我已经很高了，”亚历克斯说，“四岁那么高。”

“我的姐姐都五岁了。”凯蒂炫耀说。

伊莱希望众人瞩目的焦点回到他身上。“我现在更强壮了。我会变成一个猎人。”

“伊莱，你还要再大一点才能当猎人，”亚历克斯提醒他，“等你是爸爸或者是长到十几岁的时候。”

“我看到一架直升机，是你要在外面才能飞的那种。”贾森说。

这是不是有点不合逻辑？或是贾森在想长大以后所能做的事？我把他的意见视作没有偏离主题。

“贾森，要开那种直升机的话，你是不是得成为爸爸或是少年才可以？”

“我看到一架直升机很高、很高、很高，你要在外面才能飞。”

无论是在随意的聊天或是较正式的讨论中，贾森很少针对眼前在谈的事情作出回应。然而，在游戏的过程中，很明显，他在这方面的进步很快。一个最没有条理性的活动，既无启蒙书也无教科书，如何能够提供有效的练习，使孩子专注于某个主题呢？当然，答案就是：幻想游戏并不是没有条理的活动，只是它的条理不是由教师所提供的。孩子们在使用的是有史以来最可靠的组织方法，是可以用来思考一切事情的——故事。

贾森忽略掉所有关于伊莱生日的谈话以及整个生日会，只谈论着他的直升机。但是第二天在娃娃角，在一个过生日的场景中，贾森却做了一连串切题的回答。

“假装今天是熊宝宝的生日，伊莱，”莉莉说，“你是熊宝宝。假装有人偷了你的熊，然后又有人帮你找回了你的熊，而当天是你的生日。”

“我帮你把它们偷回来了。”贾森说。

“你是谁，贾森？”莉莉问道。

“我找到了你的熊。”

“哦！请进，请进。看呀，爸爸，这个人把我们的熊从森林怪兽那边找回来了。”

“不是从怪兽那里。熊在森林里迷路了，我正好走到那里。”

“去那里采蓝莓给熊宝宝过生日吗？”

“蓝莓在这里。”贾森说着，递给莉莉一些橡皮泥。他坐在一张摇椅上，手里拿着直升机，边摇边和莉莉哼着歌。伊莱很快也加入了哼唱。他们都是在同一个主题下认真学习的学生：没有人离题。

孩子们说的故事给了我最好的机会来协助他们，在指定的架构里组织他们的想法；但是在游戏中，孩子们自己展开了话题。贾森正在学习把注意力集中在别人的话题上，并且帮助延伸这些话题。在谈话或说故事的时候，他应付得并不好，但是在游戏时，他则往前飞跃了一大步。

“这是一座直升机房。”贾森宣布，“它没有立着也没有倒下……”

“喂，不要把你的直升机放在我的上面。”爱德华对贾森说。

“哔哔哔，听听看我的螺旋桨，爱德华。”

“我听不到。我的窗户关起来了。”

贾森从头到尾仔细检查了爱德华的建筑物。“它太高了，”他说，“住在里面的人会受伤。”

“这里面有熊，贾森。”

“熊和人都会受伤。嗨，你看，我的直升机可以移动。飞过你的熊屋。它飞过去了。”贾森没有离开他的直升机房，但是他假装飞过爱德华的房子。“呜呜呜，它正在绕着你的房子飞。快打开你的窗户。”

“耶，我看到它了！”爱德华说。

“你听到飞机轰隆隆地飞过你的房子了吗？”

“没有，我没有听到，贾森，因为我的窗户关起来了。”

“我想有人把你的窗户打开了。”

“嗯，打开了，我听到直升机的声音了。”

有时候我假装很忙，忙着把图画卷起来，或是剪装饰箱子用的碎纸片，但是我真的在听，好让幻想的波浪涤荡着我。

萨曼莎和约瑟夫从操场冲进来，手里挥舞着小树枝。他们的身上散发着灵感，我迫不及待地想看他们即将上演的故事，尤其是我的录音带还有至少二十分钟的空带。

“噗咻！变成一把剑！两把剑可以变成一把剑。一把剑可以变成一百把剑。”

“救我，超人！把我的剑变成一百道彩虹。”

“好，来了！一百道彩虹。现在我把它们变成一百支箭，直达天上。”

他们这未经过预演的诗歌真叫人惊叹。只有在游戏中，他们才能爬得如此高，看得如此远，而贾森就像其他孩子一样，也是个诗人。他从操场回来上厕所，却在门口停下来。

“嗨，贾森，”萨曼莎说，“你可以当彩虹宝宝，约瑟夫是爸爸。”

“我不行，我要回到外面去。”

“为什么？”

“因为我在外面跑来跑去和天空一样快，比云还快。”

“你在假装当直升机吗？”我问。

“不是，是一架真的直升机。”

“假装是真的？”

“不是，就是一架直升机。”

我们的抽象思维不能带我们走得更远。要想知道更多的话，我一定得聆听孩子们的游戏。

早上，贾森开始了一项新的学习，后来当我向盖尔和特里什转述的时候，我管它叫“坚定的矛盾心理”（determined ambivalence）。

“我的故事在我的房子里，”他说，“不，不在我的房子里。”他坐在直升机房里，有意地开始了这个进退两难的困境。

“你的意思是，你想要说一个有关直升机房的故事吗？”我问。

“不是，是，不是，我要。”

“要不要我把你排进名单里？”

“不要，我的故事在我的房子里。”

萨曼莎从中调停：“他是说他要留在他的房子里，然后说他的故事。”

“不是，是。”

“不太容易决定，是不是，贾森？我等一下会再问你。”

这件事引起了西蒙的好奇。他决定试验一下贾森的策略：“我可以进来吗，贾森？”

“可以，不可以，我想要自己玩。”

“你是说可以吗？”西蒙问。

“可以，不可以。我想要自己玩。”

“你要不要我跟你玩？”

“要……不要。”

“好吧，”西蒙慢慢地说，“我正在和约瑟夫玩，所以我不能进来。来，把这个放在那里当作直升机加油泵。”他交给贾森一个木制的圆柱体，然后跑掉了。贾森把这个意外的礼物放在直升机旁。“噗咻。要，不要，要，不要，进去，出来，噗咻。”他把圆柱体丢到了外面。

要还是不要，给还是不给。在吃点心时，这个问题似乎也存在于贾森的心中。“我要葡萄干。”他边说边抓起一把，“可是我不想要。”一下子又还回来。

“贾森，你要不要葡萄干？”

他又抓了满满一把，然后很快又放回到我手中。“要，不要。”他并没有笑。

我想知道这到底是怎么回事，他是在表现自己对学校还心存疑虑？或只是在捉弄我们？当然不管是哪一种，他都发现在他的房子里他没有朋友，手上也没有葡萄干。

盖尔和特里什认为事情很有趣。“他在表演那句老话——无可无不可（mixed messages）。”盖尔笑说。

“你是认为我小题大做了吗？”我问。

“嗯，难道他就不可能只是在开玩笑吗？可能他们在家里就是这样玩。”

“或者可能他在将‘无可无不可’的想法演出来——而我正是那个在玩他所好奇的游戏的人。”

“什么意思？”

“与其他孩子相比，似乎我更关注与贾森有关的事。下面的例子很好地说明了这一点：昨天贾森的直升机在西蒙的松鼠洞上停下来休息。我知道西蒙有多么想让直升机成为他松鼠游戏中的一部分，所以我说了一些像是‘我看到你的直升机在松鼠洞里玩’这样的话。两个孩子都很吃惊，因为事情显然不是那么一回事。然后我又想办法自圆其说，‘我的意思是，它看起来好像是这样。'"

盖尔微笑着说道："所以贾森好奇你在玩什么游戏？"

"嗯，他没有和西蒙玩的时候，为什么我要假装他在跟西蒙玩呢？"

"是呀！那有点像是贾森的作风……你记得吗？他告诉西蒙说他在窗户外面，但是他并没有。"特里什说。

"一点也不错。而这次是老师在做这件事。你可以用这种方式和别人开玩笑，不是吗？"

我在跟这些似是而非的言词努力搏斗，贾森亦然。他不断地实践着他的探索，直到他满意为止。"我的故事在我的房子里。"隔天他又告诉我。

"你在你的房子里玩吗？"我问。

"我的故事在我的房子里玩。"

"不是在纸上吗？"我暗示道。我不再不耐烦；我确实很好奇。现在我要尽我所能做到最好。"还没写在纸上，是吗，贾森？可是当你坐在我旁边，坐在故事桌旁时，你会带着你房子里的故事，然后我们再把它记在纸上，对不对？"

“没有字的。”他回答。

“哦，没有字的。你要跟我说故事，可是不要我把它写下来。”

“他的意思是我上次做的那种，记得吗？”西蒙解释。

“贾森，你在你的房子里玩的时候，想到一个故事，而且你要在故事时间里把它演出来，可是不要先把它记在纸上？像西蒙几天前那样？”

“对，不对。”

“但是可能对。”

“没错，他就是那个意思。”西蒙向我保证。

我们有没有搞懂贾森的意思并不重要。西蒙和我用了认真严肃的态度来处理这个问题，而这个问题是该用严肃的态度来对待的。我们运用贾森的行为来做逻辑上的练习，而贾森也在跟着做。这样的效果乘上二十四个小孩，再乘上一年一百八十天的教学日，你就会得到一个密集的、连续的语言及思想课程。如果拿掉游戏和说故事的话，那么教学内容就会显得较为薄弱，且缺乏想象力。

“我想要坐在这。”当我们在故事屋里坐好时贾森这么说。

“不要，不要坐在我旁边！”亚历克斯坚持，边说边挪向萨曼莎的旁边，他刚离开那个座位，萨曼莎就坐在他那个座位上了。

“我不要挨着你，萨曼莎。”贾森说着就坐到了亚历克斯旁边的空位上，而这次亚历克斯没有抗议。所有这些要和不要发生得那么快，使我没有时间作出反应。可是很清楚的是，孩子们认为这些行为合乎逻辑，而且在社交上来说是得体的。

亚历克斯当天的故事用戏剧性的方式来处理“要——不要”的主题。在听完萨曼莎一个令人不敢恭维的三只小猪的故事后，他立刻创造出一篇“要”，来回应她的“不要”。这是萨曼莎的版本：

> 从前有三只小猪。然后来了一只大的坏野狼。小猪被那只大野狼吃掉。然后他们被所有的大野狼吃掉。从此他们就幸福快乐地生活下去。

亚历克斯迅速回应说：

那些小猪，大坏狼吃掉他们，可是他肚子里有一支枪，小猪们把他射穿。然后小猪们把大野狼煮来当晚餐吃了。从此他们就幸福快乐地生活下去。

我看着萨曼莎的三只小猪被狼“吃掉”，心里在想，这和她想当贾森的妈妈有什么关系？在亚历克斯充满自信的反应中，能看出他就是那个因为不能和约瑟夫坐在一起而号啕大哭的小男孩吗？

对孩子们来说，教室里最有趣的，就是人们行为方式的巨大不同，即使这些方式之中有一些是莫名其妙的或是捣乱的。没有一个孩子会希望贾森拆掉他的直升机房。贾森专注的幻想，是要求个体完整性的信号。而会说凶悍的狮子和吃狼的小猪故事的亚历克斯，也一定会为了不能坐在约瑟夫旁边而哭泣。孩子们想知道老师是如何来满足他的要求的，因为他们也会有提出类似的要求的时候。

对于爱嫉妒的亚历克斯，和爱飞进别人故事里的贾森，我们应该做些什么呢？这种问题是教室里所能听到的问题之中最有价值的。当二十四个孩子和他们的老师，分析彼此相冲突的幻想、相矛盾的要求时，他们得到了最高层次的社会责任感的培养以及逻辑思考上的训练。

每一次孩子们说明他们自己的困难或协助分析及解决其他人的问题时，他们的想象力就如同约瑟夫那一百支箭和萨曼莎那一百道彩虹一样提升了。或许贾森作了最好的说明：我们跑得和天空一样快，而且比云还快。

贾森今天不太高兴，我们不知道原因是什么。也许是他生病感冒了。虽然他的鼻塞可能是因为哭得太厉害的缘故。

很显然，他不愿意和我们待在故事屋里。“你不必待在这里，贾森。你要不要去外面的直升机场玩，还是去画画？”

“不要！不要！我不要去那里！”他啜泣着，跑出教室后又立刻回来。

“那就跟我们在一起，好不好？”

“不要！我不想在这里。”

“你可以找人陪你到外面去。”有一些人举手表示愿意陪他，而萨曼莎已经站在他旁边了。

“我不想让人陪我玩。我在找我直升机的骨架。”他哭道，“我直升机的骨架断了。我直升机的骨架坏了！”他的脸上满是泪水和鼻涕。爱德华悄悄地对伊莱说：“看着，他要吐了。”

我擦擦贾森的脸，把他抱到膝上。“我们都会对你很好的，贾森。跟我们说你要我们做什么。”可是他还是止不住地哭泣，所以我继续帮他擦眼泪。

“你要不要抱我的玩具狗！”西蒙提议。

“让他坐在我的腿上。”萨曼莎说。

“他想要妈妈。”

“是吗，贾森？要我们打电话给她吗？”他摇摇头，仍在哭着，虽然已经好些了。

“让他进入所有的故事里。”约瑟夫说。

“所有的故事，”亚历克斯附和，“每一个故事里都放直升机。”

“我的不要。”莉莉噘着嘴。

“我是说如果那个人同意的话。”

贾森停止了哭泣，若有所思地看着孩子们。“好吧！”他长舒了一口气。

“看吧！他喜欢我的办法！”约瑟夫得意洋洋地说，“那是我做梦都想的，真的。我想让每一个人的故事里都有我。”

“你也在我的故事里面吗？”莉莉问。

“对呀，我在呀。”

随后在积木区里，贾森演出了经常出现在他脑海中的那个幻想。“我被关在这里面。我出不来了。我是个坏蛋。”他的幻想已经变成一个游戏了。他要我问：“谁把你关起来的？”

“你关的。”他总是这样回答。

“坏人要怎么出来？”

“我有东西可以用来扭转。我有两个东西可以用来旋转。我现在把我自己关起来，所以我永远出不去。”

莉莉看起来很担心：“即使你妈妈来的时候也是这样吗？”

“看我，莉莉。”贾森说，“看看这个在坏蛋房子里的坏人，因为我有两个东西可以用来旋转。”

“我可以看一下吗？”

“你可以进来，推一下那块积木，因为那是一个机关。然后把它放回去。”

莉莉遵循着贾森的指示进到了坏蛋的房子里。两个孩子安静地坐着，身体紧靠着。“注意看我旋转这个，莉莉。”

“我可以转转看吗？”

“好，可是要马上还给我。”

我的心像直升机的螺旋桨一样地旋转。在贾森最不快乐的日子里，他却能够第一次邀请另一个孩子去游戏。他整个早上都在生我们的气，而突然间却对莉莉表示友好。

人们可以想象，在教室里发生的事情充满了戏剧性，而在故事屋所发生的事情，同样富有戏剧性。贾森不留下来，可是又不离开。他对老师不满意，和其他孩子格格不入，甚至在说故事的时间捣乱。每次贾森一哭，所有的事情都停下来了。对于一个孩子的眼泪的关注，将整个集体的行为带向更高的层次。全班的孩子都在努力想办法哄他。然后约瑟夫说出了一个梦想。贾森突然从没有角色变成了可以演六个角色。

莉莉的故事里原本没有直升机，但是她跟随着贾森进到积木区中，并且在他最失落的一天成为他的朋友。如果贾森是无缘无故地哭，那么怎么会有如此好的结果呢？

人们肯定会对这种神秘、未经计划的结果感到不可思议。

很显然，我们并不明白孩子们行为背后的大部分动机。

“贾森，你要当爸爸吗？”

“这是坏人的房子，莉莉。”

“不可能的。没有妈妈会住在坏人的房子里。”

“为什么？”

“因为妈妈不喜欢坏人。”

“那妈妈可以在直升机里吗？”

“如果有枕头的话。”莉莉开始进行她喜欢的另一个游戏，装饰积木屋。她的最爱仍然是寻找迷路的孩子。我想知道贾森会不会加入她的那种幻想。

厨房和卧室用具塞满了贾森的小天地，但是他已经不再参与了，他似乎是在聆听故事桌旁的约瑟夫说故事。

“我的是一个麻烦故事。超人来了……”约瑟夫转向正在画彩虹的阿琳。“你知道吗？骷髅王和霍达克不再是朋友了，因为这个骷髅王其实是好人。”

“我原来以为骷髅王就是个坏蛋。”我说。

“是呀！不过也有一个好的。”约瑟夫很确定地对我说。

“我是谁？”贾森大叫。

“你是你说的直升机吗？”约瑟夫问。

“我是好的还是坏的？”

“我不知道。”约瑟夫看起来有些困惑。

贾森必须自己花时间去解决这个难题。答案在他幻想中的某个地方，但也在每一次他的交友经历和要求公平对待的交往之中。

今年，公平似乎包括了一种深切的感受，即每个人都可能给人带来不便，但那是他们自己的权利。亚历克斯因为不能坐在约瑟夫旁边而哭喊是公平的，贾森因为无法决定要不要留在故事屋而哭泣也同样是公平的。而对我而言，认真地去关注他们的悲伤，那才是公平的。

作出公平的决定，似乎经常是因为有人流泪的结果。没有受到身体上的伤害却哭叫，老师们并不喜欢，但是孩子们坚决地认为，哭泣代表某些事不公平，需要被更正。对他们而言，没有大人“屈服”于眼泪这种事；相反地，当眼泪受到尊重时，有同情心的大人会得到关于公平的好名声。

“假装你还很小，贾森。”萨曼莎在娃娃角说，“假装你还没出生。你得过了十四岁，然后才能慢慢长大。不管怎样，先从小婴儿开始。”

贾森坐在桌边一边捏橡皮泥，一边聆听他要参与的活动，“这是绳子。”爱德华告诉他，给了他一条带子，“因为你还小，需要一条绳子来爬，进来吧！杰克[1]。”

我喜欢去留意这些在他们游戏当中所出现的联想。“年纪小”的概念引出“爬绳子”,“爬绳子”引出《杰克与魔豆》(*Jack and the Beanstalk*）故事中的杰克，而杰克虽然小，却和数字“14”一样有威力。

贾森仍然在“小”的概念上打转。“当我不再长大时，”他对萨曼莎说，“我就会长得越来越小。”

“一直到你又变回婴儿，”她说，“然后你会成为我的宝宝。宝宝来睡午觉，乖，你的奶瓶在这里。”

“我现在是杰克了，”贾森说着，从椅子上跳起来，“我在爬。”

[1] 贾森在扮演杰克。

“你还是婴儿，贾森。我们还没玩到杰克那里。”

贾森现在会怎么做？萨曼莎一直指挥他去演婴儿，使他不得不发明新方法来逃脱。通常这时直升机的螺旋桨会开始转动，但是贾森这次却创造出另一种转移的方法，来逃避他不想要扮演的角色。

“待会儿我要把水放在我头上！”他咯咯地笑，“然后我要放一个玩具在头上，再把水放在玩具上，然后水就会洒在我的头上！”贾森大笑，其他的小孩也跟着他笑。

“你头上的水是尿尿。”

“尿尿在你头上呢。”

“你头上有嘘嘘。”

“便便在我头上。”贾森说，而后就像喜剧小品一样，这出幽默小剧突然间开始又突然间结束了。我偷偷注意着这场有关大小便的对话，看会不会造成不可收拾的混乱局面，但是，每个人都只是安静地揉拍着橡皮泥。

“嗨，老师。”萨曼莎说，“今天是宝宝的生日，她刚刚出生。”

“你的宝宝是谁？”

“贾森，她是个女宝宝。”

“是吗，贾森？”

“没错。”他害羞地笑着，爬进摇篮里。“萨曼莎帮我盖被子，这样我才不会着凉。”

什么时候决定贾森是个女宝宝的？后来我从录音带里重新回放这段时，在我问“你的宝宝是谁？”之前，没有人提到贾森的新身份。无论如何这个想法已经出现，而且很明显是在时机来到时出现的。

“我的故事里有你，贾森。”爱德华说，贾森正在画直升机，没有抬头。

“我正把你放到故事里。你听到了吗？”

“嗯，我在听。”

这个是贾森吗？“我在听”无疑是老师在教室里所能听到的最美的一句话，仅次于“我是你的朋友”。

“从前有一个男孩，他有一只鸟，然后这只鸟很饿，所以男孩找了一些食物来喂小鸟。讲完了。”

爱德华看着贾森。“啊对！有一架直升机，它飞了过去。”

贾森笑着说:“你要不要听我的故事?直升机在晚上飞。爱德华在飞机上。”

贾森已经掌握了说故事的人彼此间的相互关系:我把你放在我的故事里,然后你把我放在你的故事里。这种理解是如何产生的?在学习过程中,亲身经历必定是形成“理解”这一重要组成部分的主要因素。你倾听我的想法,我也会倾听你的想法。

在故事、游戏及对话当中,贾森每天观察其他孩子互相派给对方的角色。现在他也开始用类似的方式来回应。

“如果那架直升机飞到这里,贾森,它可以停在我的跑道上。”西蒙承诺。

“假装它往那里飞。”贾森说,西蒙很满意。贾森比往常进步了。西蒙把“假装”当成是实际的行为本身。

我对联想的渴求不如贾森强烈。他已经在教室中进行了无限开放的探索,每一个突破都驱使他再去尝试新的可能性。然而,不管我如何密切地追踪他的进步,我还是无法预测下一步会发生什么事。

“我要去帮助艾拉,”他宣称,“我要去帮助艾拉,因为他不想要那些孩子去帮他。”

艾拉独自在沙坑那玩，想尽办法不让隧道倒塌：“不要碰隧道，贾森。”

“他要……他要我去帮他。我要把沙弄平。”

“不要碰隧道，贾森。”

“艾拉，你看，我正在挖一个大洞。”

“对，我正好需要这个。把它填满水。赶快，我需要一个湖。”

贾森跑向我，十分兴奋地说：“水在哪里？我需要带水过去，快点儿！”

“我帮你找一个桶。我来给你示范水要填多满。”

“是因为我在做一件大工程吗？你给我示范是因为我在帮艾拉吗？”

“没错。如果你需要更多的水，你可以自己来拿。”

“如果艾拉需要更多的话，我就帮艾拉，”贾森说，“他是我的朋友吗？”

“我想他一定是。”

“怎么了，宝宝？”贾森问道，一边画着他的直升机。“怎么了，宝宝？”他一边说，一边把他的一摞画拿进直升机房。他借用了阿琳故事里的这句台词，让自己玩得很开心。

阿琳的故事是这样的：

有一只很大很大的怪兽，然后宝宝说：“啊！不要！”爸爸说：“怎么了，宝宝？”姐姐说：“怎么了，宝宝？”妈妈说：“怎么了，宝宝？”他们是在家里呢。

“怪兽呢？”凯蒂问。

“我讲过了啊！”

“所以这个故事是关于每个人跟宝宝说了什么话，而没有提到更多怪兽的事，是不是？”我下结论。

“对，这不是一个梦。”阿琳回答。

在故事屋，宝宝在睡觉时，怪兽会留在舞台之外，宝宝一醒来，他就回到他的位子上。怪兽就是梦本身。阿琳强调的是噩梦后带来心理慰藉的事件，而这样的强调，在我们演出她故事的时候，就能立刻心领神会而不必言传。每个人都渴望地凝视着阿琳，这个在别人的焦急和关爱中醒来的宝宝。这是个值得珍藏的时刻。她已经给“爱”下好了定义。

“我们再来演一次，阿琳，可以吗？然后等宝宝醒来时，让每一个人都问：‘怎么了，宝宝？’我认为我们大家都想说这句话。”

我们把这一小段故事重复演了两次，第二次我们齐声说话时，贾森加入了，他一边旋转直升机的螺旋桨，一边说：“怎么了，宝宝？”仿佛在对他的直升机说话一样。

坐在他旁边的萨曼莎开玩笑说：“怎么了，贾森？”

“不是贾森，你要说宝宝。”他认真地告诉她，“贾森不是宝宝。”

“你是，在我的心里你就是。”

正是像这样的事情使教室变成了一个正常运转的家庭，对每个成员的情感和内在冲突都很敏感。如果教师能扮演好家长的角色，把那些将我们联结在一起的紧迫问题揭示出来，那么，他的教学工作就进行得相当出色。

当我们对梦和故事表现出好奇时，当我们为那些有所抱怨的人以及痛苦哭泣的人担忧时，我们就把教室这个家庭紧紧地维系在一起了。

阿琳受惊吓的宝宝，贾森破损的螺旋桨，亚历克斯对座位的焦虑，西蒙松鼠洞的完整性，以及萨曼莎想当贾森母亲的需要，我们把它们与学校所提供的任何其他东西视为同等重要。通过学习了解彼此，我们形成了所有其他方面学习所需要的逻辑和情感。

如果教室中的我们是一个大家庭，贾森通常就是家庭情感及成就的晴雨表。

“在我的故事里有一架直升机，不是贾森。”爱德华说。

“你知道吗？贾森让我拿他的直升机。”约瑟夫上气不接下气地告诉我，“我跟他说他可以来参加我的生日会。”

“贾森需要一个斗篷。”萨曼莎焦虑地说，她觉察到他是积木区中唯一一个没穿斗篷的人。

“驾驶员不穿斗篷，萨曼莎。”约瑟夫说。

“我要帮他做一个，因为他可能会觉得孤单。”她回答。

孩子们这么注意贾森，是因为我很注意他吗？或者我们注意他，而且尝试去改变他，是因为他提醒了我们自己尚未得到满足的需求吗？他确实有一种方法，能把未解决的冲突重新呈现，使我们有机会进一步思考里面的问题。

“不要那样，约瑟夫，”我阻止，“不要让积木那样掉下来，它们会被摔坏。”

“我没有！”他辩称，看着他脚下的一堆积木。

“不——要——让——积——木——那——样——掉——下——来！”贾森重复着，将架上的积木扫到地下。我知道他要我做什么。那是积木区的每一个孩子想要做的：用同样的音调重复我对约瑟夫所说的话。

“不要那样，贾森，不要让积木那样掉下来！它们会被摔坏。”

贾森很满意，重新回到了他的直升机游戏里。约瑟夫不知为何觉得自己的行为很管用，而所有看到这一幕的人也都觉得满意。现在没有人需要查探我对这个规则是否还犹豫不决了。他们也不必担心有人违反规则会受到惩罚。每一个事件都揭示了孩子们未提出的问题，并包括了问题的答案。

今天，一场奇怪的暴风雪来袭，伴随着闪电和雷声，弄得我们的窗户吱嘎作响。孩子们在游戏时企图要去掌控这些自然力，而贾森安静地坐在直升机房里，甚至没有旋转他的螺旋桨，倾听着身旁上演的精彩戏剧。

“这是我的雪橇，救命啊！它要裂成碎片了！”

“我的雪橇瞎了。它看不见雪。”

“来，把那个瞎了的打掉。”

“启动窗上的雨刷。它们爆炸了！我们看不见！因为闪电击中我们了！”

“我们要被击碎了。超人不能被闪电打死！”

“蜘蛛侠！来这里。把网射在可恶的雪身上。”

佩蒂把网扫到一边。“太空飞鼠不需要网。呼咻！我把雪摧毁了。”

贾森的直升机场正好就在窗户旁边，大风雪像是要侵袭他的建筑物一般。“蜘蛛侠，这边。”他说，“直升机不需要网，呜呼！螺旋桨把雪摧毁了。”

贾森的直升机终于被赋予了一项英雄式的任务。暂时使用一个象征物来与他人保持距离，或是强化一种损坏与修复模式的慰藉作用，是不错的做法。但是，如果你最终不能使用你的象征物并将它作为强而有效的控制工具，那么你就必须放弃它。几个月以来，贾森一直在聆听这种超级英雄的游戏，但并没有将它与他自己的问题联系起来。而突然间，在真正的恐惧出现的那一刹那，这个念头居然自然地产生了。

在教室中，孩子们的恐惧随时可能发生，而且这是需要去面对的复杂事情。人们说孩子对未知的事物感到恐惧，但是，问题却远比这个众所周知的说法所隐含的还要更复杂。有些未知事物会令孩子害怕，有些则不会，像是春季的暴风雪，这种在游戏及谈话中可以很容易地处理，但是其他对教师来说似乎无关紧要的事件，却可能造成孩子们的心理抗拒。

举例来说，凯蒂正在发史努比的贴纸，这是她爸爸店里的广告促销品。每一张上面都覆盖着一张纸，撕掉之后才能看到里面的图案。在她发贴纸的时候，我们把它转变成一个游戏。“总共有多少种不同的图案？”我问凯蒂。

“我不知道。”

“那我们要怎么知道呢？”

“每一个人都打开看看就知道了。”她说。

“好主意。我在黑板上做记录，每次有人发现一种新图案的时候，我就画一个简图，如果有人拿到相同的图案，我就在下面做一个记号。”

我依照贴纸上的图案，描画出史努比和查理·布朗、史努比和露西、史努比和伍德斯托克等等。当凯蒂走到贾森面前的时候，已经有六种史努比图案了。

“我的是直升机。”在还没有撕开盖在贴纸上的纸时，他就这么说。

“咦，到目前为止都有史努比，你可以打开看看吗？”

“我的是直升机。”

“你要不要别人来帮你打开？”

“不要！”

“好吧，贾森猜他的是直升机。我要画一架直升机图。然后再画一个问号，像这样，表示这是贾森猜的。”

没有人觉得贾森很奇怪；孩子们所发明的游戏，总是能把不可预期的例外包括到规则里去。萨曼莎尤其擅长这一点。

“给你两张可以降落的卡片。”较早的时候她给了贾森草草制作的正方形纸片，并指导他怎么做。“可是我总共得到四张,因为我的圆圈是蓝色的。”贾森很高兴地拿走了她的卡片。他敢接受那些其他孩子所制作的卡片了。

然而，大人制作的东西，可能就会引发令人不悦的事情。他并不想意外地看到他可能不喜欢的图片，这是许多孩子熟悉的感觉。我再用萨曼莎为例,因为她表现得非常自信。但是，当书上出现出其不意的事物时，她就会变得多疑或恐惧。

通常在我们开始谈一本不熟悉的书时，她会站起来，向门口走去。“有没有哪一个部分是我不会喜欢的？”她会这样问。

“我没有看到什么恐怖的部分。”

“你每一页都看了吗？”

“嗯，有一页上面有一只迷路的小狗，但是他很快就找到妈妈了。”

“不要读那页。”

“到那页时我会告诉你，然后你可以到别的房间里等着，直到我翻过那页的时候你再回来。”

萨曼莎离开了，但很快就回来了，而且一定会要我把她没听到的那部分再念一次。贾森也是，当我们进行另一个活动时，他便将史努比的贴纸撕开。两个孩子都尝试去处理恐惧的“预期”，而非想要亲身体验恐惧本身。

到三四岁的时候，孩子们带着一串个人特有的不愉快记忆来上学。“试试看，你会喜欢的”，这种建议，通常不会被他们当场接受。诚然，总是有人对新的、没有试过的东西，表现出似乎无所畏惧的样子，但是有更多的人会犹豫不决。

迟疑并不是迷失：它只是表示，你到达同一地点的时间可能会晚一些。

另一个里程碑。贾森正在模仿另一个孩子的样子，虽然他不知道那是什么。

“我要木箱，我要木箱，”贾森像吟唱似的说，“我的要像伊莱的那样。”

“这里还有两个，贾森。”我说。

“你把它们摆错了，老师，它们应该这样摆，像伊莱的那样。”

“你在做的是什么，伊莱？”我问。

“恐龙，像约瑟夫做的那样。”

“你怎么出来呢？”莉莉想知道。

“这是出口，从这边下去。”

“嗨，大家，看我的出口，”贾森大叫，“你们大家从这里下来。”

伊莱离开他的木箱，顺着贾森的方向过去，在那里却听到贾森叫嚷:“啊，别碰！那是我的！”

“可是贾森，我们刚才明明听到你说‘你们大家从这里下来’。”我提醒他。

“不！我的意思不是那样，我是别的意思。而且他们把我的房子弄坏了，我还要再重做一遍。”

这至少是贾森颇为一贯的反应。当他忧虑时，他会告诉我们某样东西坏了。假使他觉得情况不对劲、不确定、具有威胁性，或者只是单纯的不熟悉，他会在少许的物件当中，找出其中的一样，说它坏掉了，然后开始去修理它。这是他恢复心态平衡的方法。

从某方面来说，我也试着做同样的事情。当然，我们没有一个人会去探讨根本的原因。我们的所作所为好像把教室当作是一个隔离的世界，在这里，有另外一种感知系统在引导我们的行为。我们跟着孩子一起建立自己的公平规则，以及自己的安全系统。我们会说：每天，我们都遵循当天的基本规则来解决每一个冲突与误解；第二天，我们会再尝试一次。

这种方法贾森可以理解。通过观察其他孩子处理事情的方法,他开始尝试用新的方法来解决老问题。在他使用“出口”这个词时，他不知道它能否使自己在邀请别人来他的直升机房时，感觉舒服一点，但是最后他发现，这并没有带来他所期望的感觉。虽然如此，这已经算是很大的进步了，因为他在倾听着其他孩子的游戏。

现在我了解了贾森最大的问题，根本不是关于直升机的幻想，而是他极少注意其他的孩子。他开始认识到，正是这些孩子能够让他看到最好的方法，以游戏为背景，去调适他的情绪和疑虑。

“吱——吱——吱,我们是松鼠。老师,老师,来拍拍我们,不然我们会一直叫。”莉莉和伊莱在我的脚边爬行，等着别人来挠挠他们的耳朵。这是我们以前玩过的游戏，但是贾森是第一次亲眼看到他们怎么玩。

“好吧，小松鼠，”我说，“挠一挠，痒一痒。”就在我抚拍过每一个孩子以后，“吱吱”的声便停了，但是过了一会儿，孩子们又回来了，继续重复相同的模式。很久以前我就学会顺着他们去玩这种游戏，不管他们要重复多少次。这对小孩子来说，无比重要，对大一点的孩子亦然。在孩子们紧凑的活动当中，他们可能会突然需要教师的安抚，而且他们会发明获取慰藉的方法，无需太过逾越自己的角色。

贾森开始模仿“吱——吱”的叫声。稍稍迟疑之后，他爬到我的椅子底下，轻轻地叫着：“吱——吱——吱。”然后他提高声调到几近喊叫：“吱——吱——吱！”

“停！贾森，”凯蒂抱怨着，“你的声音太大了，我的耳朵受不了了。你没看到我一直在涂颜色吗？”

“如果你来拍拍我，我就停。”他告诉她。

“好，我来拍拍你。”

现在贾森转向我：“吱——吱——吱！”

“我也来拍拍你，贾森，”我说，挠一挠他的脖子，“你是小松鼠吗？”

“我是直升机。”

“哦，我不知道直升机也喜欢被人家拍一拍！”

“有时候它们会喜欢。”

贾森现在每天都会借用别人的点子。第二天早上，他将一把厚纸板剑插在自己衬衫的背后，喃喃地发出像“嘎喂”的声音。他正在模仿最近不知道为什么这么配剑的爱德华。

贾森坐到我身边来的时候，并没有提到剑的事情。“我今天要在音乐里做每一件事，”他告诉我，“我现在是一架什么都做的飞机。”

“所以如果我们玩‘老松鼠单腿跳’的游戏，你还是一架飞机吗？”

“不是在故事里，只有在音乐里。”

“你不会飞进别人的故事里吗？”

“我会先问那里有没有直升机，有没有剑。”他非常认真地说。

“因为现在你有一架直升机和一把剑。”

“对，我有两样东西：这个和这个。”

贾森经常向我证明：孩子们在通过他们自己所创造的文化来适应学校时，会适应得最好。随着我不断努力尝试走进孩子们的游戏和故事的世界，我们便在越来越多的交叉路口上相遇。我不能容许自己用极其一般的方式认识贾森和他的同学们，因为这些交叉路口主要存在于戏剧性的细节之中。

“看看我的房子，老师，”贾森说，“它上面有各式各样的窗户。一个、两个、三个、四个。”

“我帮他做了窗户。”艾拉说。

“再来帮我一下，艾拉，因为它被弄坏了。”

“不行，贾森，我正在和萨曼莎玩。你要不要再当王后，萨曼莎？”

“好，假装我在一个不一样的地方到处旅行，艾拉。假装你还没有看到我。”

“假装你到处穿来穿去。”艾拉告诉她。

“假装我到处穿来穿去，然后我看见你，你是王后的国王。”萨曼莎开始给自己做一顶皇冠。

“但是你还不知道我是国王，因为你到处穿来穿去。”

在整个谈话过程中，贾森一直在注视着艾拉和萨曼莎。

“艾拉，看着我，”他说，“我到处穿来穿去，我在造一座喷泉，而且我到处穿来穿去。它是用来穿来穿去的。嘿，老师，我现在想要编我的故事了。”在走向故事桌时，他就开始了。

> 一架直升机飞得越来越高、越来越高，穿来穿去、穿来穿去。然后它从天空中冲下来，然后着陆。

“那两个点子是你从艾拉那里得到的。”我指出来，但是贾森摇摇头：“萨曼莎在穿来穿去。她是王后。而且她在一个不一样的地方穿来穿去。”

“她什么时候找到国王的？”我问。

“一开始她正在穿来穿去。然后她看到国王。”

我们闲谈着，仿佛我们才刚刚一起去过剧院。我们现在从一堆直接的参考和间接的暗示中取材勾勒出一幅画面。而这都是因为贾森，还有我，在倾听其他孩子的缘故。

其他孩子能够提供给他一个如此有益的学习环境，主要的原因在于，虽然他们的游戏中包含了更多的人、地和事物，但是他们游戏的主题却和他的类似。

贾森持续地假装某事不对劲，然后很快地纠正问题。每个人的游戏大部分都遵循相同的模式。贾森把这种脆弱的气氛定义得那么好，因而形成了其他人即兴表演的背景。他高亢的声音详细说明了他修理损坏的直升机和房子所采取的方法，同时，也指出了所有陷入困境中的人物的普遍主题。

“烟囱裂开了，老师。”贾森说，“里面有东西让它裂开了。我来把它修好，这样它就不会裂开了。”

在旁边，爱德华的过山车正危险地脱离轨道。“救命呀！救命呀！它停不下来了！艾拉，艾拉，救我。我要撞车了！沙袋，拿沙袋来……啊！啊！”

在靠窗的座位下面，一个坏猎人正靠近一个妈妈和她的宝宝。

“这是你的床，达纳，躺下吧。”

“不要去那里，妈妈！有一个坏猎人！”

与此同时，贾森继续说：“……我的烟囱裂开了。我要先把这些碎片全都拿下来……”

而在对面的角落，一些被关着的小猫就要陷入流沙当中了：“救我！救我！这是驯兽师的监牢！有流沙！抓住魔法腰带！”

“……也许，也许烟囱不会再裂开了，因为我慢慢地、小心地在做，而且我这次不会再犯任何错误了。”

贾森完成了他的房子：“就这样，现在这个房子锁上了，因为那边有个坏猎人。”贾森不可能再把自己限定于一个主题里。其他人的游戏把他引领到各个方向，驱使他去尝试新的表达方法，将他的失与得以更广泛多样的方式表现出来。他不需要抛弃他的直升机，因为孩子们了解它的价值，而且乐于在游戏中使用它。

在点心桌旁，贾森正在参与日常对话。他什么时候开始用这么自然的方式和其他孩子说话的？

“我要去佛罗里达[1]。”伊莱说，“坐飞机去。”

“我跟妈妈说我们可以去旅行，”莉莉说，“我要告诉她我们可以跟你一起去。”

“你看到螺旋桨了吗？”贾森问道，“它们在机翼的下面。”

[1] 美国南部的一个州，属于墨西哥湾沿岸地区。

“我还没看到。”

“嗯，如果你坐一架有螺旋桨的飞机的话，你真的就可以看到了。”贾森建议，“靠窗边坐。但是如果坐大型喷气式客机的话就看不到了。”

“你说得没错，贾森。”西蒙热切地表示同意，“你指的是小飞机那种。”

“我要叫我妈妈去坐那种。”伊莱决定。

“这样你就可以看到螺旋桨转啊转的。”贾森补充道。

以前我们从来没有听过贾森如此平常地说话，但是他在家里可能一直都是用这样的方式交谈。而我们却在一个贾森还没感觉到自在、可以好好谈话的地方对他进行判断和评价。在学校，他感觉有一种要修复什么的需要。对任何一个孩子来讲，不管他在学校里存在着什么样的问题，在考虑到别的地方之前，我总是必须先假定学校就是这个问题的根源。

但如果我意识到有不寻常或不幸的家庭状况时该怎么办呢？特别是在这样的情况下，教室将有更大的责任，提供一个理解的世界。

当然，归罪到别的地方是很自然的。孩子们经常这样做。

爱德华的过山车今天运转得不太顺利，当他的挫折感逐渐增强时，他开始责怪起离他最近的人。

“笨蛋贾森，笨蛋，笨蛋！”

“你为什么对贾森大吼大叫？”

“他太吵了。我想不起来怎么玩这个烂东西了。”

“你吵闹了吗，贾森？”

“没有。”

“那就是别的原因了，爱德华。要我帮忙吗？”

“我不要再玩这个烂东西了！”

他生气地踢坏了轨道：“你知道我为什么这么生气吗？因为约瑟夫以前不肯坐我旁边。”

“很久以前吗？”

“对，那时候。我真的好生气！”

“那，我的建议是，想一件会让你觉得舒服的事，然后去做。”

“我要画画。不，我要编故事。”他在故事里用了五次“坏”这个字。

有一只坏狮子。他打破了一个时钟，因为那是个坏时钟。他弄塌了轨道，因为那是个坏轨道。然后他看到一只小猫。‘你是只坏狮子。’‘不,我不坏。’从此他一直生活得幸福快乐。

为什么爱德华的心情那么坏呢？家里发生的很多事使他和家人的日子都不好过——这个家庭正在接受外界的帮助。尽管如此，我们还是可以将教室里发生的几乎每一件事，都放在课堂生活的背景下看待。如果我们一贯的目标是要看到、听到和谈论所发生的每件事情，那么每一个行为都可能会根据我们的所见所闻而受到个人、集体以及老师的检验——然后我们会试着去找出一个合理的解决办法。

也许是因为爱德华无缘无故的攻击，贾森整个早上都闷闷不乐。没有一件事对劲，他抱怨每件事都弄错了。在点心时间，他的空果汁杯说明了教室里所发生的一切不对劲的原因。

他大声地啜泣：“我要我的果汁，我要我的果汁。你没有倒满！”

“马上就好，贾森。我正在弄花生酱。”

他拿着杯子的手在发抖，把纸巾和饼干从桌上碰掉了。“我的饼干！”他哀泣道，“我的果汁没有……你没有……”

“快点，老师，”爱德华说，“你把他弄哭了。”

“我打不开这个罐头，等一下。我想这盒罐头被撞瘪了。来，让我再试试另一罐。”

“都是你不好，老师。”亚历克斯强调说，“你把他弄哭了。”

“对不起，贾森。”我说，给他倒上了果汁，“我打不开罐头，可能我们需要买一个新的开罐器了。”

“你把贾森弄哭了，对不对，老师？”莉莉问，她眼里含着同情的泪水。

“我不是故意把他弄哭的。”我道歉，“他一定是太渴了。”

“或者是他的直升机坏了。”萨曼莎说。贾森今天一定觉得有什么东西被弄坏了，而孩子们意识到了这种感觉。“或是可能没人要跟他玩。”

“可能他妈妈对他大吼大叫。”爱德华说道。

“我想他要我跟他一起玩，是不是贾森？”艾拉问。

“他要我跟他玩。”萨曼莎纠正艾拉说，“他要当小宝宝。

这样他就不会再哭了，对吧，贾森？”

贾森喝完果汁，便离开了桌子。他没有对任何的友好作出回应，但是当他开始画一摞新的直升机时，他的心情好多了。令人惊奇的是，第二张图看起来颇为完美。

“老师你看，这个没有任何错。”

“你试了两次就做到了，贾森。一次、两次。”

“因为我的手指正在变长。”

“而且更有力了。”佩蒂加了一句。

“但是没有长错。”我笑着说，随之而来的是贾森今天的第一个笑容。

为了获得贾森的友谊，萨曼莎使用的方法越来越有创意。“我正把你放进我的故事里，贾森。来这边听。”

“我不要。”

“要，你一定要。不然我不……等我爸爸买口香糖的时候我就不分给你了。”

“好吧。”贾森在萨曼莎旁边坐下来，注视着她，听她说她的故事。如果一个老师这样威胁他的话，他会退缩；现在的情形是，他对萨曼莎的故事的兴趣提高了。他正确无误地把她的警告理解为友谊的信号，而下面这个故事证明他的理解是对的。

从前有一个小女孩，然后飞来了一架直升机。然后小女孩对直升机说你好。接着一只小猫也对直升机说你好。然后小猫和小女孩和直升机变成朋友。

亚历克斯也不甘落后："我也要把你放在我的故事里，贾森。你将会坠落。在我的故事里，直升机会坠落。可以吗？"

"我想可以吧。"他一边回答，一边收集他那摞直升机画纸。

"现在不要画画，贾森。"萨曼莎催他，"你要扮演我的丈夫吗？"

"不要，因为我在忙。"

"或是当小宝宝？或是当厨师？你要做生日蛋糕吗？你要不要死掉然后又活过来？记不记得以前你喜欢这样？"

在萨曼莎想象其他场景时，她没有注意到贾森已经停止画画，而是剪了一个大大的椭圆形纸片。"这是你的披肩，萨曼莎。当王后用的。我是国王。”但是过了一会儿，当我再注意他们的积木城堡时，我发现贾森似乎是在当王后的宝宝。

是因为贾森看起来很孩子气，所以萨曼莎继续强迫贾森扮演婴儿吗？我对此表示怀疑。我看过太多成熟的孩子，他们在游戏时比较喜欢婴儿床，所以不能认为外在特征和内在期望有直接的关联。

萨曼莎的动机，我想，是简单易懂的。她喜欢当妈妈，而她又喜欢贾森。为了表达她的真实感受，她必须扮演他母亲的角色。对许多孩子来说，母子关系最能将“爱”戏剧化地呈现出来。在这一年结束时，萨曼莎会转移到有相同感情的姐妹关系中，而莉莉会快乐地放弃她自己故事中的母亲与丢失的孩子，转而变成萨曼莎的小妹妹。

有趣的是，在萨曼莎的直升机故事里，她自己是个小女孩；也许在直升机的幻想中，很难想象母亲的角色吧。这对贾森而言，是多么幸运，因为这么一来，一天至少有一次，萨曼莎必须说服他离开直升机房。她要玩妈妈和小宝宝游戏的需求，正好为贾森提供了一个没有直升机游戏的逻辑情境。和萨曼莎迫切的需要比较起来，我的计划只不过是空洞的让人分心的事罢了。

那亚历克斯为贾森制定了什么计划呢？他也把他放进故事当中，但他的动机不如萨曼莎的清楚。

“你该坠机了，贾森。”当他们在舞台上时，亚历克斯指示贾森。

“我在让我的轮子转动。”

“不是，贾森，你一定要坠机，撞得碎碎的。掉下去。”

“它不会坏的。”贾森回答。

“他的意思是假装。”我帮忙解释道。

“它不会假装。”贾森争辩着。

“亚历克斯，贾森可以安全降落吗？他不想坠机。”

“好吧，他可以。有另一架直升机坠机了。不是他。谁要坠机？”他问，有一些人举手。坠机这一情节，大多数的男孩子都喜欢，但是贾森还是不愿意让别的孩子来控制他，给他设计坠机的情节。

无论如何，这件事让贾森变得大胆起来。当我转向阿琳的故事时，他跳起来问：“谁要参加这个故事？举起你的手。”

孩子们困惑了一会儿，然后才开始举手，阿琳自己则兴致高昂地看着。

“谁要当直升机？”贾森问。

“我的故事里没有直升机。”阿琳告诉他。

贾森疑惑地看着她。“那你有什么？”这个问题出自贾森的口中，实在叫人惊讶。这可能是他首次完整地认识到，人们创造了不同的角色，就好像他塑造了他的直升机角色一样。贾森成功地拒绝了亚历克斯的坠落直升机，使他更有意识地觉察到“我是一架直升机”和“我选择成为一架直升机”之间的区别。

“我有一个妈妈。”阿琳说，“她是一条蛇，而且她还有小宝宝们。”

“你是那个妈妈吗？”贾森问。当阿琳一上舞台，贾森就回到他的座位。他缓慢地旋转他的直升机螺旋桨，轻声地自言自语。我猜他在说：“谁要当直升机？”这是他对未来的排演，在那时他就能自在地问别的孩子：“你要和我玩吗？你要当什么？”

放学之后，特里什和盖尔想要谈谈关于贾森的非凡演出。

“那时他在假装他是老师。”盖尔说。

“我不这么觉得。”特里什争辩道，“呃，我想他突然间明白故事是怎么一回事了。”

“但是他模仿的是薇薇安的语气……”

“是啊，我知道，但是我认为问题本身突然间有意义了。你的故事里有直升机吗？谁要当妈妈？这些都是由你决定的，不是来自外界的神秘强制力。”

“我是一个坏蛋。”贾森告诉我，“你又把我锁起来了。”

“谁把你锁起来？”

“你，因为我不睡午觉，因为我是一架直升机，一架坏直升机。”

我假装找钥匙：“啊，我找到钥匙了。”

“给我钥匙。”贾森说，“现在我把直升机放出来。有人把他关在监狱里。”

事实上是贾森发现钥匙的。当他小心翼翼地把新想法整合到原来对直升机的幻想中时，我只需要看和听——有时还可以参与玩游戏——以便观察他是怎么开展故事的。

“贾森为什么说‘yiddle’呢？”亚历克斯问。每一个人都看着贾森，他似乎没有生气。

“他还不会发‘l’的音，”我告诉孩子们，“所以他说‘little’的时候听起来像‘yiddle’。”

当我说这个词时，亚历克斯笑了，而贾森开始不停地说：“Yiddle，yiddle，yiddle，yiddle……”他是想逗孩子们笑，而他们确实也笑了。“Yiddle，yiddle，yiddle，yiddle……”只要他们一直笑，他还会继续。现在他们开始模仿他了。“Yiddle，yiddle，yiddle。”

“谁知道这个果汁叫什么？”我问他们，试图改变话题。

“菠萝汁。”孩子们大声说。

“Yiddle。”贾森说，笑声又出现了。

“佩利先生很喜欢菠萝汁。”我用强调的口吻说。这个“yiddle”的游戏令我很不自在。

“谁是佩利先生？”莉莉问。

“我丈夫。”

“我们的丈夫是爸爸。”她说。

“Yiddle。”

“我的爸爸是理查德。”伊莱说。

“Yiddle。”孩子们不再理会贾森了，他们想要说出他们爸爸的名字。

“我的爸爸是大特德。”亚历克斯说。

“Yiddle。”

“贾森，你爸爸叫什么？”我问。

“Yiddle。”

“你说谎，贾森。”亚历克斯大叫，突然间不高兴了。“那不是他的名字。”

贾森小声地说“yiddle”，然后说“吉姆”。

“我的小宝宝叫吉姆。”莉莉兴奋地叫道，“贾森，我的小宝宝叫吉姆，你的爸爸叫吉姆。多好玩呀！”

“我的宝宝也是个小孩。”贾森告诉莉莉，“她是萨拉，她总吐。”

“你知道吗？我的宝宝也是。我们的宝宝都一样。”

看到“yiddle”的游戏结束，我松了一口气。但是它指出了贾森的一个重要转变：他想逗孩子们笑，也就是说，他想要他们喜欢他。

在他刚来学校时，恐惧将这种普通的欲望推置一旁。你可以和一些人建立联系，但是如果你不能让每个人都喜欢你的话，这种联系就是不稳定的、不可靠的。

我确信，在教室里，我做的许多有益的事，其动机都是由于我想要被孩子及我的助理喜欢。我并不想否认这个事实，因为它对我们大家有很强的吸引力。我们都想要被他人喜欢，否则，教室文化就无法产生任何神奇的效果。

多花一些时间看看我自己的情况，姑且不论其他附带的好处，我刻意做了些什么特别的事，来让我班里的孩子们喜欢我呢？答案就是做一切能表明我兴趣和感情的事。我仔细倾听别人的想法；我正确无误地将他们的意思传达给彼此；我对他们的玩笑开怀大笑（但是我承认我并不觉得“yiddle”的笑话好笑），而且有时试着逗他们笑；我说好听的故事给他们听，同时也对我所听到的故事表达感谢之情。

上面这些，当然都是鼓励孩子成长及转变的计划中的具体做法，不过除此之外，我同时也在推动着自己的事业。在我秘密的幻想里，我希望孩子们会告诉他们的家人：“我喜欢佩利老师，她是世界上最好的老师。”

当我刚成为一名老师时，我寻求的是校长的赞赏。我很怕和小孩相处。总有太多小孩围绕在我身旁，而他们又是我应该设法从各个方面去影响，而且快速有效地去改变的对象。唯有如此，我才会得到校长的喜欢。

直到我开始去寻求孩子的认同时，我才有办法专注于每个个体的需求及差异性。如果你想要某一个人喜欢你，那么你就要找到能够使他快乐的事。我开始意识到，唯有当别人很喜欢我的时候，我才能教给他更多的东西。

贾森的“yiddle”游戏是一个他想要我们喜欢他的信号，但是为什么他等了这么久才这样做呢？刚上学的前几个月里，西蒙和约瑟夫用尽各种办法来吸引贾森和他们玩，但是都被他拒绝了。他太害怕了，没有办法关心别的孩子是否会喜欢他,就像我刚开始教书时一样。在教室中有太多人需要被影响；贾森只能做到自我保护和自我掌控。

贾森最可靠的工具就是直升机；我的则是训练与练习。作为教室的新成员，我和贾森都在孩子们的头顶盘旋，不敢降落在他们的跑道上，不敢进入他们的幻想之中。

我不能避开自己的前提和经验，我只能假装我了解贾森的这些东西，但他是一个引发我去分析自己和其他人的小孩。在贾森看得见的困惑里，他常为我澄清一些事情。

举例来说，我例行性地问："这个故事里有没有直升机呢？"刻意地要帮助贾森思考直升机飞进一个进行中的故事会造成的结果，但这并不能减轻他的困惑。他很可能只是纯粹地把这个问题当作是一个终止他活动的信号而已，没有更进一步的意义。

仔细一想，我的问题的确具有误导性。既然我已经有记录好的故事在手边，我一定已经知道故事里有没有直升机了。我应该更诚实地回答："贾森，这个故事里没有直升机。如果你想要在西蒙的故事里演其中一个角色的话，你就要举手。"

当孩子们开始把直升机放进他们故事里的时候，贾森就能问他自己这些迫切的问题：这个作者是否会有能力控制我？如果我在这个故事当中演出，是否就意味着我要放弃我自己的一部分？

不是每个孩子都以这么强烈的情感来回应。对凯蒂来说，权力和影响力的问题似乎很少会制造什么干扰。这是一件好事。但是如果我们只是因为她要克服的问题比其他的孩子少，便觉得她是个不一般的孩子，那我们就错了。

凯蒂经常给她的同学画画，并且为我们树立了一个有关“赠送礼物”和“表达善意”的最佳典范，这些正是当人们想要被别人喜欢时所做的事。然而，在贾森赠予别人礼物的那两个情境里——一次是为阿琳的故事画了直升机，另一次是给萨曼莎的王后做了披肩——甚至天使都会为他歌唱。贾森制作礼物是因为想被人喜欢吗？根据我对贾森的了解，我认为他是好奇地想知道，这么做自己会有什么感觉。

对于学校生活来说，想要被别人喜欢是一个最大的保证，它通常具有深远而积极的含义。在否定孩子的某种行为之前，我们可以先问问自己，孩子是不是在尝试找一种让别人喜欢他的方法呢？这个行为是不是故意要逗我们笑呢？

笑声对贾森而言并不太够，他在寻求其他的联系。“你有直升机吗？”他问亚历克斯。

“没有。”

过了好一会儿，他又重复问这个问题。“亚历克斯，你有直升机吗？”

“没有。”

当贾森第三次再问时，我说：“你想要亚历克斯跟你玩直升机，是不是？”

“我的螺旋桨坏了，我要修理它。”

当我重新回到故事桌前时，我听到他又在问：“亚历克斯，你有直升机吗？”贾森的问题到底是怎么回事？我真搞不懂。

亚历克斯似乎没有一点迷惑的样子：“我说不定会有一个。”

“是这种的吗？”

“我想是吧！”

约瑟夫过来的时候，贾森开始用同样的方式问他：“你有哪种直升机，约瑟夫？”

“我根本就没有直升机。”

“你有直升机吗？”

约瑟夫瞪着贾森说：“我没有直升机。”

“你有这种的吗？”

“没有。”

为什么贾森一直这样问呢？也许是他可以想象自己和别人玩直升机，但是却不能想象别人拿着他的直升机玩。即使是在一个故事的安全范围内，别人也不能碰他的直升机。这对贾森而言，一定是很大的思想斗争。他想要像别人那样玩耍，而且也已经做了相当重要的起步尝试，但是他游戏的中心是直升机——他的直升机，是他不能和别人分享的那种光荣的、个人的象征。我想知道，贾森会不会察觉到有一种更光荣的感觉在等着他，那就是和别的孩子分享幻想的自由。

“为什么不直接给班上买一些直升机呢？”特里什一边倒出她的咖啡，一边建议道。我们还没完全收拾好，但是她急切地想要谈谈贾森的直升机问题，所以我们只好把热水壶先拿到一张干净的桌子上。

“但是特里什，如果我们那样做的话，不就是在逃避问题吗？”盖尔问，“对了，薇薇安，我们怎么会连一两架直升机都没有呢？”

“我们去年有几架，可是都坏了。但是箱子里有两架小飞机，却没有人玩。我们在逃避什么问题呢？”

“嗯，这不就是在我们知道问题之前，就安排好解决的方法吗？”

“对，”特里什表示同意，“看音乐课时发生的事就是这样。当所有人都假装是直升机时，贾森为什么要离开大家呢？”

“我也吃了一惊，”我说，“他似乎是不知所措。我很确定我的直升机歌令他很高兴。你知道的，我大部分的主意都对贾森起不了作用。他要么从孩子当中寻找故事的线索，要么就是自己去解决事情。”

“我们为什么不干脆等一等，看看贾森自己会怎么做。”特里什建议道，“他这样问别人有没有直升机，一定有他自己的理由——而且这是他的问题，不是我们的。”

“有些事我真的觉得困扰，”盖尔突然说，“为什么贾森不自己玩直升机游戏呢？这真的有什么关系吗？”

“我想还是有关系的。”我很快地回答，“因为有可能贾森分不清幻想和现实的问题，而他的直升机游戏，只是一种表现他困惑的方式而已。我的意思是，万一贾森害怕让别人进入他幻想的原因，正好和他担心在别人的幻想里玩的原因一样呢？一旦你进去了就出不来了。”

“或许其他孩子可能会控制他？”

“或是威胁他，他就没有办法飞回安全地带。”

“或者甚至拿走他的直升机。”特里什和盖尔又提出一些可能性。“有点不可思议，不是吗？”盖尔问。

“当然。孩子们总是不可思议的。我们还是继续观察贾森，看看我们能不能精确地指出其中的一些误解来。你们看，昨天他用楼上的木箱做了一个松鼠洞。当西蒙接近的时候，贾森假装它是直升机房，但是如果是其他人走近它，他就管它叫松鼠洞。为什么呢？因为，松鼠洞是西蒙的想象。这不正表明，贾森害怕利用另一个孩子的幻想吗？”

“像是偷他的影子——或是灵魂？”特里什深思了一下，然后脱口说：“但是不可能啊！难道我自己带班时，我也要用这种方法来分析二十四个，甚至更多的孩子吗？如果是那样的话，我就没有时间做其他的事了！”

“可是特里什，老师不用做所有的工作。”我提醒她。她对盖尔使了个眼色。于是我便想要开始我最喜欢的话题之一。“当孩子们在玩、学习、交谈和在彼此的故事中表演时，他们一直都在修正彼此的错误观念。只有当教室让孩子们彼此孤立时，老师才需要去做所有的沟通工作——很显然，这是不可能的。”

第二天早上，当我意识到贾森不懂（而实际上懂）我们说的故事和我们在故事屋中表演的故事之间的联系时，我似乎捕捉到了片刻真相。

萨曼莎的故事演出到一半时，贾森对我说："我在我的故事里当直升机，而其他人也要当直升机……"他并不尝试进入萨曼莎的故事；他说话的样子像是他已经坐在说故事的桌子旁边，说他自己的故事。

"但是，贾森，你看。"我指着舞台说，"萨曼莎的故事正在演出呢。"

"我的故事在哪里呢？"

"你今天还没有说故事啊。"

"我说了！在故事里面我是一个直升机！我说了呀！"

"别担心，贾森。你在你的头脑里想了一个故事。可能你太忙了没告诉我。"

"我一直在跟你说！"他抱怨道，"而且你总是告诉我不要说。"

"我明天会提醒你，贾森，我答应你。"

贾森再一次表现出了同一个他搞不清楚的地方。其他人也会遇到类似的困难，但他们会继续前行，就好像他们明白了一样，然后等待时间和经验来理清一层层新的困惑。但是，贾森却喜欢在事情进展之前就彻底清除“错误”。

单是告诉贾森“跟我说说你的故事吧，我会把它写下来，这样我们就可以把它演出来了”并不能让我们任何一个人知道到他对过程有多少了解，或是他要花多少时间才能学会。孩子们不会像种子袋上面印好的花期表一样，告诉我们他们的一个特定的念头会在什么时候萌芽，什么时候开花。

如果我想要知道贾森是如何弄懂说故事与演故事间的联系的，那么我一定得耐心地观察和聆听。我猜想，他所需要的这种洞察力会间接地出现，而不是在他说故事的时候出现。但是没人能辨别这种关键时刻在他人身上何时会出现——甚至何时会在自己身上出现。

“该睡觉了，爸爸。”莉莉告诉伊莱。

“我们不先看一会儿电视吗？”

“然后把小宝宝吵醒？好哇！就这么办！”

这竟然被认为是一段令人兴奋的情节，简直是太奇怪了！

没有大人会把这些事情当作是一部佳剧的焦点所在。

“但是我们需要一个被吵醒的小孩，爱德华？……”爱德华正在假装打电话。“我是警察，你必须打电话给我。去找贾森。他在画画呢。”

“贾森，贾森，过来。”

不同寻常的是，贾森接了电话，也许是因为莉莉在说话吧。“你要干什么？”

“我们需要一个小孩，贾森。”伊莱说，“或是一个布娃娃？”

“不要布娃娃，”莉莉决定，“我们要的是一个真的小宝宝，或者你可以当一个小孩，好吗，贾森？”她轻轻地帮贾森在脖子上围上围嘴，贾森没有拒绝。“来这儿，躺下，宝宝。我要穿上一件漂亮的衣服，然后爸爸和妈妈看电视，然后宝宝哭了，因为我们把你吵醒了。”

莉莉和伊莱把两把椅子推到一块儿，坐在上面看着墙上的画。突然，伊莱从椅子上跳起来，转动一个假想的按钮：“现在很大声了，妈妈。哭啊！贾森，它把你吵醒了。”

“哇——哇——哇！”

“对不起，乖宝宝，我们会小声一点。晚安，睡觉吧。”

贾森闭上眼睛，几分钟以后，剧情又重复一次。“哇——哇——哇！”贾森把他的角色演得非常完美。

他们重复每一个过程：坐下、看电视、把音量转大、把小孩弄哭、道歉、把音量调小，再开始，这个过程令贾森和其他人都感到满意。

在重复了四五次之后，就到了要延伸剧情的时候了。“你们打电话给警察了吗？”爱德华问，“我正在等你们打电话给我。”

莉莉马上拿起另一部电话：“警察，警察，有人把小宝宝吵醒了。”

“是谁？”

“可能是强盗。我们在电视上看到过他。”

“好。如果他再把小宝宝吵醒，就打电话给我。”

现在一个新的剧情开始了：看电视，指着电视上的强盗，打电话给警察，报案说强盗吵醒宝宝，回到电视机前。这对贾森来说，是一堂清楚而有组织的集体幻想游戏课程。角色都指定了；事件的顺序都事先描述出来，而且准确无误地遵照发展；模式一再重复。

通过有节奏的重复性游戏，贾森一定会掌握把直升机融入集体的方法，而这些游戏不会与他为自己发明的螺旋桨坏掉又修好的游戏相差太远。诚然，西蒙和约瑟夫一直都在提供想法和主意，但是显然，贾森缺少这种艺术形式的实践，来将他们广泛变化的形式融入到自己的游戏当中。

对初学者而言，娃娃角是一个不错的地方，因为那里有令人感到抚慰的、不断重复的家庭琐事，但是贾森宁可选择直升机房作为他个人的据点，就如同西蒙曾经需要他的松鼠洞一样。

“洞要陷下去了！”西蒙大叫。

“我来打电话给警察。”贾森回答，出乎西蒙的意料。

“直升机警察吗？”

贾森只顾假装拨电话。“直升机警察、直升机警察，请回电话，678。”

“告诉他们我陷到洞里了。”

“他陷到洞里了。”

“别担心。我把我自己挖出来了。啊啊啊，洞又陷下去了！哇——救命呀！”

“直升机警察、直升机警察，快接电话。他要陷进去了。”

贾森急促地拨着电话。

“不用担心，我把自己挖出来了。”

我好想欢呼大叫：“你做到了，你真的做到了！”直升机可以听到别人危急的叫喊和求助了，不管洞有多深或墙有多高，其他孩子的声音都会被听到。在孩子们对彼此游戏的支持中有一种成年人无法模仿的自我意识。现在贾森已经开始这一行为了，还有许多东西等着他去学习。

亚历克斯想要调侃别人：“那看起来一点都不像直升机，贾森。”

贾森屏住呼吸准备要大叫，可是改变了主意：“它就是一架直升机。”

“那你为什么不在天上？哈哈！”

“这是我坐的地方。”贾森有点迷惑地回答。

“你不在天上呀！咿呀呀！咿呀呀！”

“可是我……当我……在天上……”

“咿呀呀！咿呀呀！，我坐的橡胶熊飞机都能飞得比你好。”

令人惊讶的是，贾森竟然笑了。“这是一架笨直升机，一个笨笨的、没用的东西。”他说，试着去讨好自己，像他讲“yiddle”时一样。

亚历克斯接受了贾森友善的回应，也友善地回应道：“嗨，贾森，你往天空那里飞了！哇！你真的飞得好高，萨曼莎，看贾森在天上。”

“喵喵，”萨曼莎舔舔她的“爪子”，“喵喵，我现在是一只小猫，喵喵。”

“这是小猫机场，”贾森急切地说，“对，一座小猫机场。给猫咪用的，萨曼莎，小猫在哪里？”

萨曼莎困惑了一会儿。这是一个新的贾森；她不确定该怎么反应。接着她相信她的直觉：“喵喵，这是你的小猫。”

“小猫在哪里？”贾森重复道，“这里，小猫，这里，小猫。”他移开两块积木给萨曼莎做了一扇门。“这里，小猫，小猫在哪里？”他叫。

“喵喵，这是你的小猫。”萨曼莎像猫一样发出咕噜声。当贾森抚摸着她的头发时，她就在直升机房的积木之间四处爬着。这是任何人所能想象出的再好不过的场景了，而贾森不需要别人告诉他怎么去拓展剧情。

“喵，喵，喵。”

贾森弯下腰轻声说：“好，这个阿姨不会把你锁在外面的。如果你跑出去了，我会让你进来。这里，小猫，喵喵。”

“啊！那个阿姨把你锁在外面了。这里，小猫。我来把你放进来。这里，小猫，喵喵。”

后来，当贾森坐在我旁边说故事时，我忍不住说：“我在想，你的故事里会不会有小猫？”

“不会。”他有些惊讶地回答。

“我听到你和萨曼莎在玩小猫游戏。”

“没有。”他并不想谈论他的经验，也不想把它放进故事里。“有架直升机飞进来，”他开始说，“越来越高越来越高，飞到天空里。然后螺旋桨转得很快。直升机也飞得很快。然后它永远不降落。完了。”

在放学的时候，贾森把外套从挂钩上取下来，告诉我：“我的肚子里有一个宝宝。”

“像妈妈怀着小宝宝那样？”

“小宝宝在里面有个小房间。阿姨把她放出来了。”

我们没有办法将每一个影响小孩的思想都发掘出来。也不必如此。在家庭或学校的生活进程中，一个事件与另一个事件会被联系起来。在这两个地方，能聆听和回应孩子们话语的大人，会是一位重要的向导。孩子们在演出他们自己的剧情时，会将通往他们的秘密的门打开，如果有必要的话，也会锁上；而在他们脑海中的想象，将会随着周遭的人和事作出调整。

“谁是我的朋友？”贾森问我。

“是萨曼莎吗？”

“她是我的小猫朋友。”

“小猫妈妈？”

“她不行。因为我让她进来，可是她不让我进去。”

“那你是大猫咪吗？”

“不是，我是一个大人，我八岁了。”

“那又怎样，贾森。”亚历克斯突然插嘴说，“我哥哥九岁了。”

“那又怎样，我哥哥十岁了。”贾森回答。他并没有兄弟，但是他正在学着怎样进行一个重要的游戏。

“没有贾森的话，我们要谈些什么呢？”在我报告最近的谈话时，盖尔问我。

“喂，等一下。我敢打赌，如果我们以前也做了记录的话，我们会发现自己也经常谈论有关萨曼莎、亚历克斯、西蒙和其他人的事。”

“是啊！如果我们这样做的话。”特里什笑着说，“那主要是因为你总是要向我们证明，他们会做和贾森一样的事，只是采用的方式不同而已。”

“顺便提一下萨曼莎，”特里什说，“为什么她那么喜欢贾森？也有其他人很乐意当她的小宝宝。为什么她一定要贾森当她的宝宝？”

“是啊，我也在想这个问题。”盖尔点点头说，“她快满五岁了，而且是大女孩们的头头，为什么要选贾森呢？”

“为什么喵喵喵？”

“为什么哇哇哇？”

“为什么咕——噜——？”

“为什么噗——噜——？”

我们三个开始大笑，特里什开始绕着桌子跳舞。为了呼应她的举动，盖尔旋转两只手臂，像直升机一样在教室里飞来飞去，我则跪在地上学猫咪喵喵地叫，我的同事靠到我身旁，开始摸我的脖子，喃喃地说：“小猫在哪里，小猫在这里，乖乖的小猫。”

“哇！这样的感觉真好！”盖尔叹了口气，在地板上伸了伸懒腰，“难怪他们会这样玩一上午。”

“我敢打赌我们了解的还不到一半。”我突然坐起来说，“嘿，你们知道吗？大部分的孩子刚上学时都会说‘这里，小猫，喵喵’，然后渐渐地显露出他们的不满足。而贾森用的则是另一种方式。他花了几个月时间，才会说‘这里，小猫，喵喵’。首先，就像他多次告诉我们的，他需要自己来犯些错误。”

“你又要嘲笑我了。”特里什说，“我也是这样。真的，我已经有六个月，都是做什么错什么了。可是，最近我渐渐有一点‘这里，小猫，喵喵’的感觉了。”

“啊，多棒！”我说，“我也是，不同的是，我花了几年的时间，不是几个月而已。相信我，我也曾有过自己的直升机房。”

“是什么？”

“嗯，贾森的直升机房把他和其他人的幻想隔离开来，而在早年的时候，训练和练习也曾把我与别人隔开。”

“当你还是那样的时候，你是怎么看待孩子的幻想的？”

“我认为它们一直存在，等着被激活。我只是不会运用它们罢了。孩子们将它们演出来，而我却不注意听。他们的主题从来没有被设为学校课程的一部分。”

这些天来，我对讲给小孩们的童话故事有一种矛盾心理。即使我用自己的话来讲述，并且掩饰了其中潜在的危险，孩子们看上去似乎还是很焦虑。萨曼莎和莉莉轮流询问，会不会有人被吃掉或迷路，而阿琳则想知道我是不是照着故事书上原来的样子讲的。而“原样的”就意味着会引起恐慌。

尽管如此，随之而来的讨论还是十分引人注目的。大部分的孩子到了四岁的时候，已经有能力辨认和思考隐藏在这些古老情节中的问题。今天，即使是贾森都受到感染而加入《三只小猪》[1]（*The Three Pigs*）的讨论。

“我想知道猪妈妈会不会想念她的小孩。”我问了这个问题之后，立刻意识到这是一个非常有控制力的问题。

“她不是个好妈妈，”莉莉回答，“她让孩子们离开了她。”

“因为她没有办法照顾他们了呀，莉莉。”萨曼莎说。

“是啊！她所有的钱都丢了。”约瑟夫加上一句。

“可能是有小偷来把它偷走的。”亚历克斯说。

“可是莉莉难过的是猪妈妈让孩子们离开她。”我感到很不好意思，因为我问了一个会使莉莉伤心的问题。“也许她并不知道外面有一只狼。”我说。

“她知道！”约瑟夫辩称，“看，她要小猪在狼来之前离开，这样她可以诱骗狼上当，然后可以用棍子打死他。”

“她可以用叉子刺穿狼。”文尼说。

“她可以开枪射他。我现在就要开枪了。砰！砰！”贾森用直升机的螺旋桨瞄准了地毯中心。

“他们那种房子里没有枪，贾森。她要用斧头。”

---

[1] 著名的英国童话。讲述了三只小猪在长大后，学好了本领，各自盖了不同的房子，却遭遇大灰狼，最后想出办法让大灰狼逃走的故事。

“或者用火，西蒙。”贾森回答，“还可以用开水。”

“你的想法很有趣，约瑟夫。你觉得她是因为预感到有只狼可能要来，所以想了这个办法来救她的孩子们，就叫他们离开了。”

“然后小孩们就不会在家里面。”他说，“她比较强壮。”

“比狼强壮吗？”我问。

每个人都同意地点头。“强壮多了。猪妈妈非常非常强壮。”他们都这么说。

我想到另外一个问题：“我很好奇小猪们最后有没有回去跟他们的妈妈一起住。”他们马上异口同声地说：“有。”

“她想她的小孩。”爱德华说。

“因为她不喜欢只和一个小宝宝待在家里。”贾森肯定地说。

“哦，你觉得她家里还有个小宝宝？”我又问道。

孩子们安静下来思考这个问题。这是个庄严的时刻。“不，她才没有，贾森。”约瑟夫回答，“因为她太穷了。”

“而且她很忙。”亚历克斯补上一句，孩子们不愿意接受小猪们在森林里和大野狼对抗，而家里却还有个小宝宝的想法。

“可是贾森认为可能还有个宝宝。”我提醒他们。

“贾森，你看，小宝宝就是最小的那只小猪，”凯蒂解释说，“那只也离开家了呀！”

“我想他们可能会回他们以前的家住，然后他们会看到狼被吊死在墙上。”约瑟夫陈述着结局，好像他可以预想猪妈妈家里的整个情况一样。

“他们的爸爸呢？”我问。

“他们没有爸爸。”

“可能他被狼给吃了。”亚历克斯建议。

“对！对！他到外面去打猎时被狼咬死了。”

“不是的。”贾森说，“他在工作。”

“对，他正好坐飞机开会去了。”

“可能去了某个地方，住在酒店里了。”

“然后他回来的时候，”亚历克斯有把握地说，“猪妈妈告诉他不用担心，孩子们马上就会回家了。”

“我们要怎么演这个故事呢？”我问，“照我说的那样，小猪没被狼吃掉？”

“那不是原来的故事。”西蒙说。

“我不喜欢原来的那个。”莉莉回答，而每个人都同意她说的，包括西蒙自己。

“好吧，小猪们跑到他们兄弟住的砖头房子里。现在结局如何呢？我刚才说的是让狼跑到另外一个森林去，可是，很多故事都说他被开水烫死了。”

“在烟囱里被开水烫死的。”贾森将结局补充完整。这是他在正式的讨论中表现得最为投入的一次。

“对呀！他被烫死了。”大家似乎一致同意。

“好吧，谁要当狼？”我问。

没有人自愿担任。如果这是一只出现在孩子们的故事里的狼，一定会有几个人举手。但是在成人构想的故事里扮演这个角色，孩子们便会慎重考虑了。

“可是，我们得有一只狼。”

“如果狼逃走的话，我就愿意当。”亚历克斯提出了他的想法。

“那我们要不要让狼逃走呢？”我问，没有人反对。我们便开始了。

孩子们通过讨论和戏剧扮演得以掌控《三只小猪》的故事，而对贾森的影响也没有消失。第二天早上，他想要知道阿琳的故事里是不是也有只狼。

“里面有没有一只又大又坏的狼？”他问阿琳。

“可能会有吧！”她回答。

从前有一个爸爸和一个妈妈，然后来了一个哥哥和一个小女孩。妈妈有一把剑。然后爸爸说：“你为什么会有一把剑？”“因为我的故事里有一只狼。”然后他们就去睡觉了。

阿琳一直注视着贾森：“你想要当狼吗，贾森？”

“他有没有被烫死？”

“他看到剑的时候就逃跑了。”

“好吧！”贾森同意。可是一到故事屋里，他就改变了主意。然后，每当有人在说故事或者演故事的时候，他都询问每一个作者：故事里有没有狼？

贾森学东西并不慢：他是一个谨慎的研究者。他吸取每一个新的观念，收集其应用时的数据、资料，直到他非常了解外在世界对这个观念可能会产生的回应和反响之后，他才会满意。他期盼出现错误，而且希望错误发生在他自己能控制的情况下。

目前贾森有许多想法。他将他损坏与修复的主题加以扩展，其中包括了迷失又被找到的小猫、一个被锁住又被打开的房子和偶尔会出现的松鼠或小宝宝。在他的多次重复当中，他检验游戏者控制想象的各种方法，允许他们自己更换角色，以及在数个观点间换来换去等等。在这方面，萨曼莎始终是改革的象征与代表。

“这是我的双座汽车。”贾森告诉萨曼莎。

“让我当开车的妈妈。”

“你不能，你是小猫咪。”

“不，我不是。我是狗妈妈，你是我的狗宝宝，贾森。”

“你看那个风扇皮带，它坏了，我要去把它修好。”

“贾森，不要去！我们是小狗，就是小狗！等一下我再去看风扇皮带。来吧，你不会真的是小狗，只是假装的而已。贾森，你听清楚，不要转那个东西！你真的是一架直升机，真的，但是你现在假装是小宝宝，好不好？贾森，好不好？”

在萨曼莎爆发时，贾森一直看着她，嘴里含着大拇指，眼睛睁得大大的。

“好吗？可以吗？”萨曼莎被她的朋友弄烦了，“来吧！贾森，不然我再也不跟你玩了。等一下我会去看十遍风扇皮带的。”

贾森大笑，回答：“汪——汪。”

“好乖，这是你的奶瓶，小狗狗。把你的脚那样放好。假装你还不会走路，然后我要教你。来这里，小狗狗，你的妈妈要带你去狗狗学校，这样你才会长大。”

萨曼莎的解释，“你真的是一架直升机，真的，但是你现在假装是小宝宝”，这种解释从来没有被老师使用过。它只能由一个孩子陈述出来，因为它一定存在于孩子的现实世界中。从一个小孩子的口里说出来，它的意思是：“你真的假装是一架直升机，可是，在这一段时间里，直升机要假装是个小宝宝。”

如果我去告诉贾森他真的是直升机，那么他会迷惑不解。他从大人那得知他是个小男孩。但是，有一次当我告诉他，“我知道你在假装你是直升机”时，他生气地哭叫：“我就是一架直升机！”在这个问题上，成人和孩子的观点无法达成一致。当萨曼莎告诉贾森他是一个假装或是真实的某个东西时，他能明白，她和他自己是在相同的基准上接受他这个人，而不必改变他任何内在或外在的状况。

对任何层次的课堂教学而言，这种两个孩子间的互动都有着重要的启示。如果我们允许孩子们整天进行社会性及游戏性的互动，他们就能很好地互相教授对方。

萨曼莎热情地向贾森展示了如何在两种立场上来回转换，即如何用另一个角度去考虑问题。当他们长大以后，他们还会教彼此如何去转换其他方面的“角度”：从过去式到现在式，从数学体系到另一个科学体系，从一个主题到另一个主题。无论是老师还是学生，只要是从这样相似的前提出发，态度和观念都一定会发生变化。

当然，“前提”并不是我们应该了解的关于学习者的全部。还有“风格”，这个经常被忽略的因素。以贾森为例，在某一个简单的问题上，他似乎需要很多的例子，而约瑟夫却想要马上就看到所有的事情，然后等没人注意的时候再将心里的小疑问解决。

贾森让我想起弗里茨，很久以前我的一个研究生朋友，他会一个教室一个教室地去查验他论文中的一个简单问题：教师对问题儿童的认知和实际情况之间的关系是什么？弗里茨日复一日地观察查尔斯以及我对查尔斯的反应，直到他看过了几乎各种情境下我们的相处。

贾森虽然不是一个公正的观察者，但他也是这样去做的。他让他的直升机飞进孩子们的故事里，并注意他们一贯的消极反应。在这期间，他某些经常重复出现的想法，已经变成了人们熟悉的游戏。

“西蒙在窗户外面”的研究就是后者的绝佳范例。“我看到西蒙在窗户外面”，贾森差不多一个礼拜会说一次，可是西蒙开始时的愤怒已经变成了现在的娱乐。

“耶，我坐在一棵树上。”

“我看到西蒙在外面的树上。”

“耶，我在天空中飞。”

“我看到西蒙在天空中。”

“耶，我在月球上。我是月球人。”

“月球人穿来穿去。”

因为西蒙认为好玩，所以贾森继续看窗户外面的松鼠；因为孩子们变得愤怒，所以贾森不再飞进故事里。弗里茨在研究计划开始之前，就宣布了他的目标，而贾森却跟他不一样，他在事实发生之后才确认目标是什么。他的“你有没有直升机？”并不是弗里茨的“你认为在你班上最坏的孩子是谁？”那样简单的问题。

不过，两个问题都很真诚地在探究教室的学习，而两位发问者都表现出了对追逐未知事物的兴奋。弗里茨每天迫不及待地要告诉我他在班上发现的事物，而贾森也开始做相同的事情。

“老师你看！我跟西蒙说他在窗户外面，他就飞到月球上面。”

“每次你跟他说他在窗户外面，他就会编出一个新故事来。”

“我看到西蒙在外面的树上。”贾森非常高兴地说。

“你看不到我，贾森，因为我的松鼠洞是隐形的。”男孩们觉得西蒙的最新回应非常好玩，但是没有我和弗里茨看到查尔斯一些发明之后的反应热烈。弗里茨和贾森都让我以更人性化的角度来看待课堂生活，而且没有什么行为比笑声和发明创造更人性化了。

“你看这个东西。”贾森把一个用小塑料方块做成的建筑物拿给我看，“你看，老师，这是我盖的。如果你下来。它是一种飞机，它会在这里上升，然后可以看得好远。现在我得重新再做一次了。”

“我想，你比较喜欢自己做的飞机，比店里卖的飞机还要喜欢。”

“为什么？”

“因为你可以把它拆掉，然后再重新组合起来。”

“我真的把它拆掉了！”

“不是假装，你是真的把它给拆掉了。”

假装，是贾森正在学习的主题之一。那并不容易。在这里，他真的在拆一个假装的飞机，而他称它是个真飞机。中午，贾森在等人来接他时，又以这种方式表现出他的“假装”

问题的各个方面。正当我们在前面楼梯整队的时候，亚历克斯不小心坐在了贾森的脚上，而贾森回答说：“哦！他假装坐在我的脚上。”

亚历克斯显得很讶异：“没有，我没有假装，我是真的坐到你的脚上了。”

“你真的？”

“可是我不是故意的，那是一个意外。”

“哦！”

贾森用一种大家都不熟悉的方式使用“假装”这个词，甚至让另一个孩子都感到惊讶。这是单纯地犯了一个错误，不小心说错了话，还是代表了一种深层的困惑？

假如贾森认为假装某事就会使它意外地发生的话会怎么样？这些都是无法教授的概念，但是接下来在他直升机房几英尺外所发生的事情，应该可以提供一个比较广阔的领域来研究这个谜。

“假装你是飞机弟弟，”西蒙说，“我是爸爸。跟我说你很害怕。”

“爸爸，我好害怕。”约瑟夫回答。

“不要担心，飞机弟弟，你不会掉出去的。我来把两个门锁上，看看这个门，它是安全门，你不会掉出去的。飞高一点。”

很显然，约瑟夫同时是“飞机弟弟”又是“坐在飞机里的小兄弟”。锁上门是要防止小弟弟掉下飞机，也阻止了飞机本身掉出去。这对我而言很复杂，可是对西蒙和约瑟夫却不然，他们的游戏经常是在多个层次上进行的。

然而，如果贾森是那种用小茶匙来衡量每一个新经验的孩子，那么，他可能已经被周遭这些丰富的游戏给限制住了。他自己的游戏——我们听到的那部分——相比之下像是一幅单色画。如果贾森的脑海里有一架直升机妹妹，那么贾森为了避开这个他不喜欢的形象而做的努力就是，关闭自己的游戏之门。

一旦他沉浸在与别人一起玩的完完全全的幻想游戏之中，那些隐藏的东西可能会浮现出来。如果假装导致了意外事件，我们要怎样才能预测会发生什么事呢？亚历克斯真的没有看到贾森的脚吗？他心里是想要假装坐在贾森的脚上，所以事情就这样发生了吗？

从某方面来看，假装的确会导致意外事件。在幻想的时刻，我们都经历过这样的事情：一段久被遗忘而不受欢迎的记忆又再度浮现。这种事一定正发生在贾森的身上，而他很谨慎；他有很好的理由相信，在自发的游戏中，这种“偶发的意外”很有可能成真。

我似乎对单一事件着墨过多，但我认为比起贾森来，我差远了。他对待错误非常认真，他把自己包在一个幻想当中，学习其中所有易犯的错误，避免任何课程以外的幻想，因为在其中也许会发生错误和意外。他亲自体验错误，可能是为了要在错误发生时，能很快地辨认出它来。我把分析性练习叫作“教学”，贾森把它叫作“游戏”。

当我的想象指引我从一种合理化走向另一种合理化时，孩子们则跟着直觉对同一事件进行戏剧化的诠释，他们的集体幻想是一个以故事形式进行的圆桌讨论会。

“吊桥打开了！”西蒙大叫。

“动作快点！机场要关门了。”约瑟夫回答。

“假装它打不开。嗨！贾森。做一个我们这样的吊桥，然后我们假装我们的卡住了，我们到处飞，然后就看到你的吊桥，好吗？”

“我没有吊桥。”

“那你就不能挡住坏人了，哈哈！”

“笑什么笑！你有坏人！”萨曼莎反驳道，“贾森没有坏人。”

“可是有时候我自己就是一个坏人，萨曼莎。”他告诉她。

“哦！你是说当老师把你锁起来的时候吗？”

“对啊！然后约瑟夫找到钥匙。”贾森满意地回想起来，“而且有的时候我还会发生很严重的坠机。”

“但是后来你都修好了，对不对？”

如果我辩解说事实上我并没有把任何人关起来，这没有什么意义，因为他们是在利用这个事件来讨论好与坏。贾森和他的直升机两者又好又坏，这就可以创造出场景，协助他们脱离困境，走出绝望。

而正当这些在进行时，我是谁呢？好吧，当我跳进某人的幻想，坚持那一切都是错误时，我一定就是那只坏野狼或是巫婆了。

“男孩们，男孩们！看看你们都做了什么？”娃娃角一片混乱，衣服和枕头扔得到处都是。“我们才刚刚收拾好。现在请把那些东西挂好。”

“我们把强盗闷死了。”约瑟夫说。

“可是你们留给老师一个烂摊子。”从他们脸上的表情可以看出，我的反对意见比思过椅所产生的后果更糟糕。

开始时一阵窃窃私语，然后沉默了片刻，当他们以为我已经走远，听不到他们说话时，西蒙说:“看洗手间，里面有一个灰色头发的蓝巫婆。”

“一个灰色的怪兽！她可以从嘴巴里喷出火来！”

“你们看！她在盯着我们！”

我假装没听到，大叫道:“孩子们！如果你们有时间的话，我这里需要你们帮忙。我把颜料洒到水槽里了。听我说，你们到这里来帮我清理水彩笔和水槽，一会儿我会到那边帮你们收拾。”

当我进来时，西蒙抱住了我，一看到我也拥抱了他，约瑟夫和爱德华也冲过来，用他们的手臂搂住我。就像从前我说的那样，再没有比互相帮助、共同走出困境更棒的感觉了。

但是有一些困境比其他的更难走出来。“你把两个门口都堵住了，贾森。”之后我在故事桌大声喊着，“这样别人就没有办法到走廊去了。”我们的教室是由一栋老房子的几间卧室组成的，有两扇并列的门。“我们有个规矩，贾森，那就是不可以同时把两扇门挡住。”

“不要跟我说那个！”贾森生气地哭着说。

“我得告诉你规则，贾森。”

他继续把积木横堆在两个出口前。“不要过来，不要说。”

“贾森，你不可以挡住两扇门，决定一下你最想要哪一个入口。我来帮你把另一堆积木移开。”

“不要！不要！”他哭得很厉害，“把积木推倒！我要把积木推倒！”

“不要推倒！你会伤到别人。”

“好可怕！”他大叫，“如果我把房子推倒的话，好可怕！好可怕！好可怕！”

“别这样，贾森！”

贾森一动不动地站着，轻声地哭泣：“我不哭了。我要把一扇门打通。我不要把积木推倒。”他说这话的时候，脸上毫无表情，仿佛在坚定地对自己说。

我伸手抱住他：“谢谢你，贾森，你帮了好大一个忙。”

贾森转向我，擦擦眼泪，说:“如果你从这条路走过去的话，学校所有的大楼都会倒下来。”

“假装倒下来吗？”

“假装那是学校大楼。”他回答。

贾森对着他的乐高小人说话，并让每一个乐高小人去推倒一棵塑料树。“不要，不可以那样！老师你看，他们把所有的树都推倒了。我告诉他们只能推倒七棵。他们太坏了，对不对？”

有些人也许会坚持认为，贾森仅仅是在表现非常幼稚的行为而已，像是一个两岁大的孩子在模仿父母的“不可以、不可以”。“不成熟”是整个在校期间人们最熟悉不过的否定标签了。

对我来说，这种标签是没有用处的，孩子们总是处在某一个复杂的发展点上。就像贾森一样，每一个人都在努力继续使用过去的经验或做事技巧来理解目前的生活，寻求现阶段安全生活的方式。

一旦开始改变，那速度就会很快。孩子们沿着神秘而不可预测的路朝数个方向跳跃和拓展。在四月份的某个星期中，贾森星期一是一架“飞机女宝宝”，星期二是一个找复活节彩蛋的“小矮人”，星期三是一个“白天—晚上男孩”，星期四是一个生气的“战士”，而星期五，他为他的直升机找到了一个令我佩服和惊讶到屏息的新角色。

星期一

贾森在他的故事里，放了一个女宝宝和怪兽。

这架飞机在旋转。这架飞机正停下来。现在机头起不来，只有轮子放下来。

到目前为止，这个故事听起来和他其他的故事没什么两样。他伸手去拿一堆纸，我以为他已经说完了，就告诉莉莉轮到她说故事了。

“我还没说完。”贾森说。

有一架没有在旋转的飞机女宝宝。说完了。还没完。还有一只怪兽。说完了。

当我们表演他的故事时，贾森是那个飞机女宝宝，他脸朝下趴在地毯上，手臂伸直，没有在旋转。西蒙当飞机，绕着房间轰隆作响，而莉莉是只怪兽，温顺地吼叫了一声。在故事结束之前，这个飞机女宝宝把自己机翼上的一根拇指安全地含在嘴巴里。

星期二

“这是你的床，萨曼莎。我已经帮你铺好了，现在我在铺自己的床。”

“你的太小了，贾森。把床弄长一点，像我的这样。”

“我在假装我是小矮人。”

“你长大了，贾森。看，你现在需要一张长的床。”

“不，我是小矮人，早上，我会在房子里到处找复活节彩蛋。”

萨曼莎喜欢贾森的主意：“明天是复活节，然后等过了晚上兔子会给你一颗蛋。”

星期三

我们在楼上的攀爬教室时，贾森发了他今年最大的一顿脾气。他在 A 形梯子的最上面，不让其他人爬上去，他冲文尼大叫，让她下去。

“她不用下去，贾森。它大到够好几个小孩上去。”

“我不听！把她推下去，把我也推下去！”他一头倒在垫子上面，开始猛敲自己的头。

“贾森，停下，你不可以这样。你要打伤自己了。”

“萨拉也这样。她的保姆就让她这样做。”

“我不会让你这样做的。还有别再叫了。你看看文尼，你把她给吓坏了。”

贾森愤怒透顶：“我的老师不让我……”他突然停住了。他听到从另一个房间传来“晚上—白天，晚上—白天”。听到这些词，他很惊讶，他从垫子上爬起来，站在门廊上。

“晚上。”伊莱叫道。

“白天。”莉莉回答。

“不，我们都没有机会睡觉。晚上再长一会儿。”

“早上了。到了，早上！天亮了！”每一个人都跳起来到处跑，一直到有人再喊“晚上”为止。

“我也要玩。”贾森宣布，他像其他人一样躺在两个翻过来的牛奶箱上。

“还是晚上，还是晚上。”

“早上到了。到了，到了，到了，天亮了。”

贾森看起来真是不一样了，他那因担忧而皱起的眉头，已经被平静的愉悦所取代。在这个“白天—晚上”游戏里，有一些东西已经化解了他的恐惧，给他带来了一个快乐的黎明。

星期四

“我要跟这里所有这些人打架。”贾森进到积木区的时候大叫。他到处挥舞着双拳，而且差一点弄翻了艾拉的建筑物。

“贾森快停止，到别的地方打。”艾拉说。

“我想要打架。”

“喵喵喵。”萨曼莎学猫喵喵叫，准备要玩小猫游戏。

“我在打架，萨曼莎。”

“不要在这里！”约瑟夫严肃地说，“到月球上打。”

“我在生气,我要打架！”这次,他推倒了艾拉的一块积木。

“老师，老师，看看他做了什么！”

“我是一个战士，”贾森哭着说，脸上满是泪水，“我假装我在生气。”

“哦，假装。”我说，一边顺顺他的头发，“我去拿一条湿毛巾给你敷脸。你的脸热热的。”

“我没生病！”

“我知道，可是假装生气会让人感觉很热。来吧！你会感到凉快些。”贾森的手握在我手里，松软无力。

“先凉快下来，然后擦干。”我喃喃地说。

“先凉快下来，然后擦干。”他重复道。

我们在洗手间里玩属于我们的妈妈与小孩的游戏。这也是教学的一部分。当贾森冷静下来时，我们在大椅子上摇啊摇,我还唱了一首歌,那是我在夏令营的那段时间学的。之后，贾森说他想要说一个故事。

复活节兔子来了，带来一架旋转着的飞机。那就是我有时候叫作直升机的东西。一架旋转着的飞机。

然后复活节兔子来到一个小女孩家，把旋转的飞机留给那个女孩。然后过了晚上,早上的时候女孩醒了，她看到那架飞机。萨曼莎就是那个女孩。然后我是那个复活节兔子，我也是那架旋转的飞机。说完了。

星期五

“你要玩吗，贾森？”萨曼莎问。

“好啊！你坐在那边。我做一个双座飞机。等一下，是三座。它需要多一个座位。”

“为什么？”

“因为我要去学校接一个人。因为不是每一个小朋友都会有人来接他们，带他们回家。他们应该手拉手，一个小孩要去握另外一个小孩的手。”

“然后我是妈妈，好吗？”

“好，然后每一个人，等我放学之后，我要用飞机去接他们。没有人，不，等一下，你坐在走廊上，螺旋桨会停下来。这是飞机前面，这是后面。”

“我可以进去了吗？”萨曼莎问。

“现在就进去。假装你握着一个小孩的手，现在我要飞到你家，这样你就不用走路回家了。”

“我要当小孩，贾森，好不好？”西蒙从松鼠洞里问。

“好，你是小孩。握住妈妈的手，我接你回家。”

过去的几个月里，我已经告诉自己很多次了，现在，就是现在，对贾森而言，才真正开始了学校生活。然而，我刚才所目睹的这个情景，应该就是个开始，或者说是个高潮？

贾森终于找到自己的方式来运用他最珍贵的物品和私密的幻想，让他能够和别人一起游戏。从某种意义上来说，他回家了，也就是说，学校开始有了家的感觉，他可以尽情地呼吸，然后将他直升机房的大门向别人敞开。

但是，只有我有取得了突破的想法，贾森并没有觉察到。这些“真理显现的时刻”，将我这个教师的幻想游戏戏剧化，帮助我在集体当中去关注个别的孩子。

孩子们在游戏中也做同样的事，以故事里的新点子来宣布他们取得的突破。但是，说故事的人并不朝同一方向前进；有时候他们会折返回来，以便检验某个特定的点或是追溯一段旧的主题。

“假装你是一只懒洋洋的小狗，贾森。”

“不行，萨曼莎，我的双座飞机坏掉了。现在我只看到一个座位。等我把它修好之后，又会是三座了。”

“你不跟我玩吗？”

“是的，不玩。我要修好直升机的座椅，这是个三座的。”

这是贾森学习的方法，一种谨慎的方法，而且不能把它解释成“没有学习”。这些故事帮助他学会了去容忍一些怀疑的时刻，因为他清楚地了解了控制他的根源：故事的作者、老师、画画的纸、表演的舞台和一个掌控每位参与者表演的可靠形式。当然，贾森的方法有令人惊讶之处，但它们从个人风格上而言是学术式的。它是一种最高层次的智力活动，而且非常适合贾森这个谨慎的研究者，他一次只关注一个事件的影响。

在游戏中，贾森更加小心。当他的直升机最后从它的机房升起时，他给它一个单纯的任务：放学后把一位妈妈和她的小孩接回家。他们不会遇到怪兽，而小孩也不会走丢。就像“白天一晚上”的游戏那么安全。那个游戏虽然不是贾森发明的，但却好像就是为他设计的。当他察觉到这个游戏在逻辑上的局限性时，他的感激之情是无限的。不论是谁参与游戏，形式永远是不变的。

我不会允许“白天一晚上”这个游戏的简单性，遮盖了它下面所隐藏的“恐惧与消除恐惧”的主题。对于盘踞在我们这些小戏剧家心中的那些被关起来的、误入陷阱的、被链子锁住的、被监禁的和迷路的角色，我也不能回避它们的暗示。那什么是最根本的恐惧呢？是什么或是谁真正地把人锁起来的呢？而那迷路的小孩在寻找的是什么呢？

贾森也许正在揭露故事中最主要的部分。在他的幻想游戏里，没有人来把孩子接回家。“孩子在学校里走丢了”，贾森的直升机会是解救的工具，把孩子们从学校救回到家里。贾森告诉我们，最终极的恐惧和失落，就是分离。

如果他的想法正确，那么除了所有我们努力想要完成的任务以外，我们还有一个更令人惶恐的责任——我们必须要认识到每个孩子内心最根本的孤独是什么。我们的教室，不管是任何一个年级的，都必须要像一个快乐和安全的家。在这个家里，每个成员都可以说出他们最隐秘的故事，而且要知道别人会用爱和尊重来倾听自己的故事。

如同往常一样，我带着更多的问题而不是答案结束了这个学年。对我而言，独自待在直升机房里的贾森已经成为一个象征，代表了每一个在教室里承受着孤独和被误解的孩子。我们都知道我们是独特的个体，没有人会完全和你我一样。打开我们每个人的心灵之锁的钥匙就在某个地方，谁会找到它呢？

新的问题

“你要问的是好问题还是坏问题？”

“哪些是坏的呢，约瑟夫？”

“就像如果有人拿走某样东西，或是做了一件坏事。”

“你喜欢哪一种？”

“好的那种。可爱的那种。”

我刚在约瑟夫的要求下重讲了《三只小猪》的故事，他就让我吓了一跳。约瑟夫多半喜欢推翻快乐的结局，他自己的游戏和故事里也充满坏角色。现在他却担心着我的问题的好坏。难道他已经弄懂了我讲的童话故事中的那些未知事物了吗？

萨曼莎同意约瑟夫的看法:“他的意思是不要邪恶的那种，而且贾森也不喜欢那种，你喜欢吗，贾森？”

贾森摇摇头，但事实上，在他第一次参与正式讨论的时候，那次的主题正好是“坏”的那种：猪妈妈知不知道森林里有狼？

“我不确定我是不是知道哪一种问题算是坏的，约瑟夫。像上个礼拜，我问的王后应不应该照她之前答应的那样把小宝宝给小矮人，这是一个坏问题吗？”

“坏的，坏的，坏的。”

“就算每一个人都想要回答那个问题，它也算坏的吗？你们大家都认为她把小宝宝留下来是对的。”

“因为她已经习惯了。”阿琳重复她原来的回答。

“而我记得约瑟夫你说，小矮人根本不应该向她要小宝宝，因为那是件坏事情。”

“它真的是坏事情，所以那是个坏问题。”

“哦！我懂了。嗯！现在刚好没有时间再问问题了。还有，我们已经讨论了两次《三只小猪》了。”

“记得我说过她可以怎么骗大野狼吗？”

“我记得。约瑟夫说猪妈妈要孩子们在狼来之前逃走。还有，在我问猪妈妈会不会想念她的小孩时，那是好问题还是坏问题？”

“那真的是个好问题。”萨曼莎肯定地说，“因为她真的想念他们。”

对于坏问题，盖尔和特里什跟我一样好奇。

“那是一个新类别吗？”盖尔问。

“嗯，她没有把问题叫过坏问题，”特里什回想，“可是在阿琳‘怎么了，宝宝？’的故事里，她并不想要别人问有关怪兽的事。事实上，怪兽不是应该站在舞台外吗？”

“是的，那个故事不应该和梦有关。也许童话故事让孩子们想起了他们的噩梦。”

“或是导致孩子们做噩梦？”盖尔在想，“像是宝宝被抱走，不喜欢孩子的继母……”

“还有独自在森林里的小猪，大野狼这类的。”

“对了，薇薇安，谈到问题，我们一直注意到一件事情。你有没有发现，童话故事中大多数的问题还是你在问的？而对其他的书，孩子们会问很多的问题，当然，他们在说故事时也会互相问问题，但是在童话故事里……”

“我不是经常会说‘等我讲完这个童话故事，我有一个问题要问你们’吗？我在读普通的图画书时，不会这么说。哦！还有，我是在‘讲’故事，不是在读。是这个原因吗？”

第二天，我的助理们的观察就得到了证实。当爱德华在说故事时，伊莱一直在问他问题，而我就没有什么好问的了。

“然后敌人来了，”爱德华说，“敌人和龙打仗。”

“敌人会和龙打仗吗？”

爱德华不理会伊莱问题中的暗示：“然后超人来了，他杀死了敌人。”

伊莱更直接了：“龙是好的吗？”

“是啊！因为我是那只龙。”爱德华解释说。

“我长大之后，要当一阵子龙，”爱德华决定，“然后做航天员。”

爱德华很有兴趣地听着伊莱的意见，然后继续他的故事。“我的故事里需要一个爸爸和妈妈，一个小宝宝和保姆，还有一个父亲。”

“爸爸就是父亲。”伊莱纠正他。

“这是不一样的爸爸，不是那个龙。是你，伊莱。我们是好的龙，我们家里每个人都是好人。”

当我们演出这个故事时，我的角色被限定成了“读者”，那些被选为扮演龙的孩子问了各种各样的问题——主要是有关龙是否像巫婆一样，天生就是坏的。然而似乎没有人提出所谓坏问题的其他问题，甚至连约瑟夫假装快死之前躺在地上也没有问“我在流血吗？”这样的问题。

后来，当我在说《杰克与魔豆》的故事时，我很不自在，因为我觉察到自己是一个主要发问者的角色，但是，我更意识到孩子们会问这样的问题：我会不会按照故事中真正发生的事件来说？他们理所当然地认为，童话故事有震慑他们的力量。

在爱德华说的龙的故事里，并没有所谓的真正的版本，每一件事都可商讨，但是童话故事似乎有它们自己的生命，不管富有同情心的大人如何尝试保护他的听众，孩子们还是充满忧虑与不安。

“巨人会吃掉杰克吗？”萨曼莎问道，虽然她很熟悉情节。

“不会的，杰克很容易就逃走了。”

“好棒！我已经忘了实际上有没有那样。”

她真的忘了吗？或者她只是把那些潜伏在童话里，不可预料地突然出现的情节记得太清楚了？

“然后他们听到巨人来了。”我继续说，跳过了巨人接近时会发出的呼吼声。

“巨人有没有看到他？”

“没有！他躲起来了，可是他可以偷看到巨人。当巨人数金子数到睡着时，杰克抓了两袋金子，带回家给他的妈妈，他们从此之后就不用再过穷苦的日子了……”

“巨人要去追杰克呀！”爱德华说。

“我知道，但是我答应你们不会有吓人的事情。现在，让我来想一个你们会喜欢的问题。在这期间，说不定有人想说说有关杰克的事？或是巨人的？”

孩子们似乎心不在焉，没有人说话。安静了好一会儿，他们开始互相推来挤去，于是我赶紧提出自己原先设计好的问题。

“我在想，为什么巨人的妻子对杰克那么好？”

“女人都很好，”亚历克斯回答，他站在我脚上。“她们喜欢小男孩。”

突然间，大家都变得很专注，等着我问下一个问题。他们期望我提问与杰克有关的问题，好像只有我拥有“真正”的问题。他们很兴奋，渴望表达自己的看法，也想听他们的朋友在想什么。

“我想知道巨人的妻子有没有自己的儿子？”我说。这是一个好问题还是坏问题呢？

“她以前有，”萨曼莎斩钉截铁地说，“但是巨人不小心把他吃掉了。他不知道那是他的小孩。”

这是萨曼莎所想的吗？她警告我不要吓到她，而后发明出一个比原来的故事更可怕的内容。是我的问题使她联想到这个想法的吗？更有可能的是，她之前在听这个故事的时候，就想象好了弄错身份的可能性，而我的问题让她把这个想法表达出来。或者，我是否在将它合理化，以便可以继续从童话故事中汲取好的讨论材料？

“你说对了，萨曼莎！”约瑟夫大叫，“然后他的妻子认为杰克是她那被吃掉的儿子，因为事情隔得太久了，她已经忘记她儿子的长相了。”

“他穿的衣服不一样。”西蒙加上一句，给出了更多的支持证据。

“或者他是个女孩。”贾森小声地说。

“然后当他又活过来时，他去和那个穷妇人一起生活，因为她很寂寞而且也没有养猫。”阿琳这样判断。

“或者他是一个女宝宝。”贾森重复道。

“巨人早把女宝宝吃掉了，”亚历克斯告诉他，“而且也吃掉了爸爸。”一群人安静地沉思眼前一连串的悲剧，这些都不是来自我，也不是来自童话故事。

如果有足够的时间，孩子们会把我所有的问题，不论是好的还是坏的问题，都回归到这个主题：被不安和危险所包围的脆弱小孩的命运。他们提醒我那只是童话传说，但是只要当我们讨论故事时，令人兴奋的回应便排山倒海似的出现，就好像孩子们已经等待很久了，等着有人来开启通往他们梦境的大门。我记得通往约瑟夫梦境的前门和后门。每当讲完或读完一个童话故事时，约瑟夫那想象中的邪恶的狮子，一定会推着“白色的部分”，想要进到其中。

如果孩子们对故事原有的情节那么不信任，那一定是因为每一个奇妙的故事（包括他们自己的）都激发了他们内心潜藏的焦虑和丰富的想象。但是如果真是如此，那么用这样的方式来问孩子问题，让他们能够美化、诠释、回避、评判或否认故事的情节，或许是件好事。难道坏的问题不能导出好的答案吗？

“这已经让我渐渐地陷入了两难的境地，”放学之后我说，“也许这些孩子年纪太小，不适合听童话故事。”

盖尔颇有同感地点头说：“或许，我们应该干脆照故事原本所写的来说，反正大家都已经预测到了最糟的结局。”

“嗯，我用的方式有点像一种游戏。孩子们记得的是原版故事，而我说的是美化的版本，然后我们讨论一连串假设的事件，比我的版本或原书更有道德意义，有时甚至也会更糟糕。但是我确定这是孩子们想要的方式，他们不想让我照真正的故事说；他们甚至坚持说我们不能演出实际的版本。可是，当开放讨论主题时，就没有限制了，他们绝对无所畏惧。”

“是的，你是对的。”特里什说，“萨曼莎不愿让你提及巨人吃小孩的习惯，但是如果是她或其他孩子提到这件事，那就没关系。”

“这又让我想到了刚才我说的两难的境地：我们到底要不要讲童话故事？”

“可能孩子们在家里，坐在妈妈腿上听这些故事时，是不一样的。”盖尔思索着。

“这个论点很好，”我告诉她，“在学校里，他们都是自己走进森林的。还记得贾森在娃娃角扮演杰克的那几次吗？他不是立刻就改变故事的设定，让自己变得越来越小吗？看吧，这就是‘掌握’童话故事中所有信息的最本能的方式。就连贾森都知道如何保护自己，而不是别人说怎么演就怎么演。”

“所以，你是说，只需要讲童话故事而不必讨论它们？让孩子们用他们自己的方式去发挥？”

“或是在他们自己的故事里将它们重新编写，”我补充道，“看看爱德华昨天编的灰姑娘的故事。‘继母不喜欢灰姑娘。然后王子来了，他把龙杀死了。’现在，如果我问‘为什么继母不喜欢灰姑娘？’会怎么样呢？”

“那肯定就是约瑟夫所谓的坏问题之一了。”

“可能吧，但是如果是在讨论当中，爱德华还会不会把继母变成龙，让王子去杀掉她呢？他摆脱了因继母而产生的不愉快的感觉，不是通过讨论，而是通过杀死一只龙和……”

“等一下，可是薇薇安，”特里什打断我的话，“如果你向大家提出这个问题，爱德华听到了其他的意见和合理的说明，那么这个问题可能会和杀龙一样有用。我的意思是，也许两种方式都是必要的。”

我似乎是借用了贾森的“坚定的矛盾心理”。可以讲童话故事，不可以讲童话故事。我正决定要停掉这个年龄段孩子们的童话故事，但这时一个教一年级的同事却想要来参加一堂这种讨论课，而且已经排出时间来了。我选择了《金发女孩和三只熊》[1]（*Goldilocks and the Three Bears*）这个比较温和的故事，打算照原版的故事来讲述。

但是，我一讲到“她敲了敲门，没有人回答”时，萨曼莎就跳起来了。

“我不想听了。”她以哀切的口气说。

[1] 英国 19 世纪童话，现存三个版本。

约瑟夫也跟着恳求:“我讨厌这个故事。”

“我答应你们不会讲到可怕的事情。”

“你要让熊很高兴地见到她吗?还是你要照原来的故事说?”

“熊爸爸会对她大吼大叫吗?”爱德华问了这个问题。

“嗯,我本来是想让他们感到惊讶。但是如果你们愿意的话,我会让他们高兴起来,不要大吼大叫。”

“你确定?”

“阿琳,如果有人要求的话,我不是都会把故事改掉吗?这就是为什么我要说故事而不是读故事。”

“讲《三只小猪》这个故事的时候,你也是这么做的吗?”

“那当然,没有人被吃掉,连大野狼都没有被吃掉。”

“可是,在原本的故事里,”阿琳声明,“大野狼真的吃了两只猪,对不对?”

“在我改变了故事之后,你还是会去想原来真正的那个故事吗?”

阿琳没有回答,但是我可以看得出来,这个主题有多复杂。《三只小猪》不是《热河马》,后者的中心主题是有关选择的自由：河马能不能决定自己该住在陆地或是水里头？亚历克斯能不能按照自己的意愿坐在约瑟夫的旁边？在没有被邀请的情况下，贾森能不能飞进西蒙的故事里？

也许是因为这些主题替代了真实事物，所以它们显得十分迫切。童话故事，以这样或那样的方式，不偏不倚地击中了对所有孩子来说最重要的问题：我会被遗弃吗？发生在小猪身上的事会不会发生在我身上？事情即将发生的时候我要如何提前知道呢？我要如何阻止那些不可避免的事？

我继续说故事："小熊说，'我不介意她睡在我床上。我想要跟她玩，可以吗？'"

"小熊在假装吗？轻轻地把她叫醒吧。"莉莉强烈请求。要抹去一个迷路的小孩身处于陌生房子里的情景，似乎是不可能的事。

然而，一旦开始讨论，孩子们便急切地要发表他们的看法。他们挥动着小手，眼里闪烁着光芒，而我也深深地被他们共同谈论严肃话题的喜悦所吸引。

老师：为什么金发女孩决定进到屋子里？

阿琳：因为她不知道那是谁的房子。

约瑟夫：她分不出来住在里面的是不是熊。

贾森：熊本来就住在那里头。

萨曼莎：可能她以为那是她自己的家。

老师：有人会犯这种错误吗？

亚历克斯：当然。或许那房子看起来像她家的房子。

阿琳：她是好奇里面有什么东西。

伊莱：里面有粥吧。

老师：她喝掉粥是明智之举吗？

全体：不是！不是！

老师：我猜她是肚子饿了。

阿琳：她应该看看里面有什么就好，然后说，嗯，我回家也要叫妈妈做粥给我吃。

凯蒂：不行，她没有告诉她妈妈，因为她妈妈叫她不要去。

莉莉：她想要休息一下，所以她进去了。

老师：哦，她累了。

爱德华：让她睡在地板上好了。

西蒙：她应该睡在草地上。

凯蒂：草地太冷了。

阿琳：我有睡袋。睡上去非常软。

老师：所以你们觉得她不应该睡在熊的床上。

萨曼莎：应该睡在自己的床上，或是妈妈的床上。

约瑟夫：我爸爸出差的时候，我妈妈会让我跟她一起睡。

莉莉：我做噩梦的时候也可以睡在妈妈的床上。

老师：也许当金发女孩做噩梦的时候，她就可以睡熊的床了。

孩子们在想着妈妈的床，对一个粗心女孩睡在陌生的床上这件事则显得不太高兴。我向他们保证，金发女孩会对小熊宝宝微笑，可是孩子们感受到了她心里的恐惧。萨曼莎一定要重写这个故事，她想像我一样避开一些不好的故事情节。

> 金发女孩看到熊的房子，然后跑回了家。然后她的妈妈和她玩了一整天，没有去上班。

但是，在其他时候，萨曼莎会夸大危险。我记得她那个三只小猪被吃掉的故事，一开始他们是被坏狼吃掉，后来“他们被所有又大又坏的狼给吃掉了”。

约瑟夫也重新将金发女孩的故事说了一次，虽然先前大家都知道他要让她被吃掉或是被关进地牢里，但是这次他极力回避了她在熊的房子里的安危问题。

> 有三只熊。然后一只狼来了。狼把熊的房子吹倒了。

莉莉了解他的用意：“然后当金发女孩经过那里的时候，她就看不到那个房子了是不是？”我甚至没有想到要问这个问题。

“她看到了一栋不一样的房子。”约瑟夫回答，“她自己的家。”

这个想法让莉莉很满意。在故事桌旁，没有人反对约瑟夫，而我也避免问出坏问题，像是：她在森林里迷路了吗？这就是她突然找到自己家的原因吗？

似乎在任何不影响孩子们自信心的情况下，我可以问莉莉任何有关她迷路女孩的问题，我可以细细查问约瑟夫的狼、狮子和坏鳄鱼的情况。但是我永远无法预测，当提到故事中的金发女孩的时候，会激起孩子们内心的汹涌波涛。

我自己的内心深处也因为童话故事的问题变得不平静了。这些材料确实能广泛地将隐藏的事物激发出来，从而使讨论、说故事以及游戏本身更加丰富。还有，这些观念在进入孩子们的幻想之后，会很快地转变为孩子们可以掌握的形式。与我们不同，孩子们能够立刻编造新的故事，以取代他们不喜欢的情节。

但是由老师去传达这些令人困扰的问题，是明智或是必要的吗？约瑟夫对好与坏的区分，促使我去面对这个问题，因为他正是那种男孩——不断通过自己的游戏和故事（在安全、有限的环境中），询问和回答着令他们自己不安心的问题。

童话故事必定制造了一种陷阱，这种陷阱便是贾森已经花费了半年的时间试图去避开的：那个深不见底的暗流——也就是“偶发的”联系。课堂上的童话故事，是不是和贾森的松鼠洞一样？刚开始似乎很危险，但是经过许多次的接触和尝试后，证明了松鼠洞正是可以用来试验和拓展直升机幻想的地方。如果是这样的话，那么我更应该经常讲些童话故事。当然，除非是没有了新鲜感，开始出现习惯反应。

“为什么要因为这些挣扎呢？”特里什问我，“既然你有这些疑虑，何不暂时放弃童话故事？”

“我猜我还没准备好要这样做。每一天都会有像爱德华昨天那样的故事，将童话故事的主题变成有用的社会教育资料。”尽管爱德华几乎没有参与《金发女孩和三只熊》的讨论，但是在他的故事里却谈到了该故事中的两个主要的主题。

从前爱德华走在黑森林里。然后来了一只熊。约瑟夫、凯蒂和西蒙来了。一只坏熊。

当我们演完他的故事之后，我把他的故事页放回去，他却抗议道：“还没完呢，我要更多的人跟我到森林里去。”

“还有谁要和爱德华去？”我问。

阿琳举手说：“我们看到熊的时候要做什么？”

“向他开枪，然后把他关起来。”

“那我不要当熊，”亚历克斯说，“除非我又活过来，还能喝粥。”

“好，没问题。粥放凉了在等你喝。”

爱德华不会独自在森林中行走，而熊还能享受到自己美味的粥。这些迫切的问题解决了，可是我心里却有了更多的疑惑。

如果没有像《金发女孩和三只熊》这样的童话，爱德华还会不会在森林里呢？可能不会。但是他可以利用他熟知的其他黑暗的场所，像是楼梯底下、床下、玄关等等。他并不需要在森林里，虽然森林似乎是一个想象孤独和恐惧的绝佳场所。

我们的讨论不是也帮助爱德华消除了他的孤独感吗？他可以想象金发女孩在一个温暖的睡袋中，刚巧发现熊的房子特别像她的家，而她的妈妈在家准备好粥在等她。或许，如果她做了一个有关熊的噩梦，她可以爬进妈妈的被窝里。所有这些想法现在都是爱德华在游戏和说故事时用到的，但最重要的是，他每次听《金发女孩和三只熊》的故事时都要对它的主题进行反复思考。

当然他以后将会经常听到这个故事。四岁时，孩子们已经通过书本、卡通片或者影片接触了多种多样的童话故事情节。就像大部分的电影脚本一样，孩子们似乎假定了越恐怖的故事就越“真实”，这个想法正好符合人们对悲剧的普遍想象。一旦我们长大，就能够感受和想象被抛弃的恐惧。

当然，幻想是对抗每一种恐惧的第一道防线，而且在幻想游戏之中，当孩子敢于检验“魔豆”和“森林”时，他们就发现了同龄人支持的价值。渐渐地，属于他们个人的保护性象征会与公共的礼仪相融合，以构筑一个模拟外在世界的安全避难所。

“这是熊的家。”莉莉告诉贾森。

“你是金发女孩吗？”

“我是熊妈妈，我们没有金发女孩。你要当熊宝宝吗？”

“我是哥哥。”

“不要有直升机，好吗？”

“好的，在森林里你可以有一架，但不是在树旁。有狼吗？”

“没有狼。”

孩子们在游戏时搭建起稻草人，然后又很快将它们推倒，速度太快了以至于我还没有弄明白他们的真正意图是什么。真实的问题变成假装的问题，最初的主题消失于森林之中，或者被直升机螺旋桨的轰隆声给吞没了。

此外，当主题是游戏时，教师的问题大多是关于假装的事物，很少涉及隐藏在下面的实质的东西。说故事的形式往往更能揭示问题，但是同样也有天然的保护机制在运转，能够避免个人参与产生罪恶感。

莉莉的家人除了吃、睡和刷牙以外通常很少再做什么，约瑟夫和西蒙睡在松鼠洞里，但是在讨论《金发女孩和三只熊》的故事时，他们告诉我们，害怕时能睡在妈妈的床上是件多么好的事。童话故事本就是以一种委婉的方式道出了存在于人们内心的更深层、更黑暗的恐惧。

那么为什么不让孩子们以他们自己的方式，通过演出、说自己编的故事来处理这些事情呢？毕竟，孩子们是用一种天生的、直观的方式来诠释他们世界的各个方面的。抛开童话故事无法被避免的事实，我们为什么需要童话故事呢？

也许因为它们是些很好的故事吧！它们代表了成人眼中

的童年幻想，并以一种具有张力、戏剧性的形式呈现，而这种形式十分适合孩子特有的思维。童话故事超凡的力量主要在于它与人类原始幻想之间那些明显的关联，这一点已经在小孩子们的游戏里呈现出来了。

这好像挺奇怪的：约瑟夫断定有所谓的好问题和坏问题，而对我而言，整个童话故事的议题也突然鲜活起来了。这使我清醒地意识到，在我每一次所做的记录和描述之外，还有许多没有表达出来的内容。

我有没有给予足够的注意力，来关心那些不能放进游戏和说故事活动中的想法？我是不是在找寻新的方法来帮助每个孩子打开心锁、开启心中的大门，从而全心参与课堂活动？

带着约瑟夫的谜题和贾森“坚定的矛盾心理”，我结束了这一学年。我必须用我的录音机和日志来进一步观察他们凭直觉意识到了什么。对我正在进行的教学分析，这也许是个新的开始：什么是好问题和坏问题？这些问题要如何解放灵魂，鼓励人们说出内心的感受？

约瑟夫对问题本质的看法引发了我的好奇心。我们清楚，比起狮子的咆哮、婴儿的哭声和直升机的轰隆声，更好的是，大声说出的话能被大家都听到。如果约瑟夫的问题指引我用新的方式来聆听教室的话语，那么以研究孩子们的问题为起点则显得颇有意义了。接下来还有什么方法能让我弄清楚何为“好”，何为“坏”呢？

图书在版编目（CIP）数据

直升机男孩 /（美）薇薇安·嘉辛·佩利著；杨茂秀，陈鸿铭，林意雪译 . — 昆明：晨光出版社，2019.5
ISBN 978-7-5414-9897-8

Ⅰ.①直… Ⅱ.①薇… ②杨… ③陈… ④林… Ⅲ.①儿童教育－家庭教育 Ⅳ.① G781

中国版本图书馆 CIP 数据核字（2018）第 259006 号

ZHISHENGJI NANHAI

直升机男孩

教室里说故事的魅力

〔美〕薇薇安·嘉辛·佩利 / 著　杨茂秀 陈鸿铭 林意雪 / 译

出 版 人 吉 彤

责任编辑 李晴川 沈伯杭
封面绘画 周煜航（7 岁）
内文插画 毛予曈（6 岁）

出　　版 云南出版集团 晨光出版社
地　　址 昆明市环城西路 609 号新闻出版大楼
邮　　编 650034
发行电话（010）88356856 88356858
印　　刷 北京华联印刷有限公司
经　　销 各地新华书店
版　　次 2019 年 5 月第 1 版
印　　次 2019 年 5 月第 1 次印刷
开　　本 140mm × 205mm 32 开
印　　张 9.5
字　　数 134 千字
I S B N 978-7-5414-9897-8
定　　价 42.00 元

退换声明：若有印刷质量问题，请及时和销售部门（010-88356856）联系退换。